Stefan von Kempis

Papst Leo XIV.

Stefan von Kempis

Papst Leo XIV.

Wer er ist
–
wie er denkt
–
was ihn und uns erwartet

Patmos Verlag

Für M.

Inhalt

1
Habemus Leonem

Die Balkonszene

Es ist 18.05 Uhr auf dem Petersplatz in Rom. Drei Möwen spazieren über das Dach der Sixtinischen Kapelle, und Millionen von Menschen sehen ihnen dabei zu. Zehntausende auf der Piazza, vor der majestätischen Fassade des Petersdoms, und Abertausende in aller Welt am Bildschirm. Aber nicht für die Möwen interessieren sie sich, sondern für das Blechrohr, das Arbeiter vor ein paar Tagen auf dem Sixtina-Dach befestigt haben. Ein Behelfs-Schornstein; er ist die einzige Verbindung der Außenwelt zu den 133 Männern im Innern der Kapelle. Diese Männer hinter Schloss und Riegel sind Kardinäle – sie wählen einen Papst, den Nachfolger für den unlängst verstorbenen Franziskus. Und zugleich einen Nachfolger für den schon vor ungefähr 2.000 Jahren verstorbenen Apostel Petrus, dessen Gebeine, wie man sagt und glaubt, unter dem Altar der Vatikanbasilika ruhen.

Das Konklave ist zusammengetreten: gestern schon, am Mittwoch, dem 7. Mai 2025. Unter Ausschluss der Öffentlichkeit hat noch am Mittwochabend ein erster Wahlgang stattgefunden, und schwarzer Rauch aus dem Schornstein hat der Außenwelt (viel später als erwartet) signalisiert, dass noch keine Zweidrittelmehrheit für einen neuen Papst erreicht wurde. Wie denn auch? Seit 1503 hat es das nicht mehr gegeben, eine Papstwahl schon im ersten Anlauf, und damals ging es nicht mit rechten Dingen zu, aber das ist eine andere Geschichte. Auch an diesem Donnerstag sind mittags schwarze Rauchwolken aus dem berühmtesten Ofenrohr des Planeten hervorgequollen, Hinweis auf zwei weitere erfolglose Wahlgänge. Und jetzt? Jetzt müsste, dürfte, sollte eigentlich der insgesamt vierte Wahlgang des Konklaves zu Ende sein, und bei der vorletzten Papstwahl, der von 2005, war doch damals in der vierten Runde die Entscheidung gefallen, und aus dem bayerischen Kardinal Joseph Ratzinger war Benedikt XVI. geworden. Könnte es diesmal genauso schnell gehen?

Wahrscheinlich ist das zwar nicht. Denn das Wählergremium ist zahlenmäßig so stark und so international zusammengesetzt wie noch nie, und in den Tagen vor dem Einzug ins Konklave hat sich anscheinend kein Favorit herausgeschält, der wirklich alle Flügel überzeugt hätte. Manches deutet darum auf quälendes Warten hin. Auf mehrere Tage, in denen man nichts anderes tun kann, als auf diesen Schornstein im römischen Himmel zu starren.

Doch dann passiert das Unwahrscheinliche. Es ist 18.07 Uhr, die Möwen sind weitergehüpft – da stößt das Rohr, das über Großbildschirme in jedem Winkel des Platzes, ja die ganze Via della Conciliazione hinunter bis zum Tiber zu sehen ist, auf einmal weißen Rauch aus, *fumata bianca!* Durch die Menge geht eine Bewegung, ein Schreien; »Papa, Papa«, rufen die einen, Fahnen schwenken die anderen, fast alle halten ihre Handys in die Höhe, um die Rauchfahne zu verewigen. Kein Zweifel, der Rauch ist weiß! Die Kardinäle haben sich also doch schon auf einen neuen Bischof von Rom geeinigt. Schon fangen die Glocken von

Sankt Peter an zu läuten – das ist die einst von Johannes Paul II. angeordnete Bestätigung, dass tatsächlich der Papst gewählt worden ist. Es ist der 266. nach Petrus in offizieller Zählung. In nur vier Wahlrunden.

Die Stimmung auf dem Platz steigert sich rasch ins Euphorische; Seminaristen jubeln wie im Stadion nach einem Tor, Ordensfrauen singen, Touristen in kurzen Hosen schießen Selfies, und viele versuchen ihre Angehörigen anzurufen, aber scheitern daran, dass wegen des Konklaves große Teile der Vatikanstadt von der digitalen in die analoge Ära zurückkatapultiert worden sind. Frequenzstörsysteme und die Blockade von Funksignalen haben die Sixtina, das exklusivste Wahllokal der Welt, in einen digitalen Bunker verwandelt, damit der heikle Vorgang der Wahl wirklich ohne jeden Kontakt zum Draußen ablaufen kann – und das zieht das Netz rund um die Sixtina stark in Mitleidenschaft. Den Wartenden bleibt nicht viel mehr, als Fahnen zu schwenken, aufmarschierende Musikcorps (darunter das der Schweizergarde) zu filmen und wie in einem Fernsehstudio hektisch zu winken, sobald sie von einer Kamera erfasst werden. Über den Köpfen sirrt schon geraume Zeit eine Kameradrohne, die immer wieder spektakuläre Live-Bilder auf die Großbildschirme der Piazza hinüberspielt.

Doch wer mag er sein, der neue Bischof von Rom und »Stellvertreter Christi«? Bedeutet die Kürze der Wahl, dass sich der frühere Kardinalstaatssekretär des verstorbenen Franziskus, Pietro Parolin, durchgesetzt hat, ein Mann, dem die Medien in den letzten Tagen das Label der Alternativlosigkeit angeheftet haben? Oder ist eine Art Wunder passiert? Auch beim letzten Konklave von

2013, das allerdings nicht vier, sondern fünf Runden gebraucht hat, ist schließlich mit dem Argentinier Jorge Mario Bergoglio jemand ins Papstamt aufgestiegen, den vorher fast niemand auf dem Zettel hatte.

Die Geduld der Menge auf dem Petersplatz – auch die umliegenden Straßen und Plätze füllen sich immer mehr mit Menschen – und der Beobachter weltweit an den Bildschirmen wird über eine Stunde lang strapaziert. Dann tritt gegen 19.13 Uhr Kardinalprotodiakon Dominique Mamberti auf den mittleren Balkon des Petersdoms, um mit der berühmten Habemus-Papam-Formel den Namen des neugewählten Pontifex zu verkünden. Zwei Namen, genau genommen. Den Familiennamen, den er bisher getragen, und den Papstnamen, den er sich im Augenblick seiner Wahl ausgesucht hat; denn seit etwa anderthalb Jahrtausenden nimmt der römische Bischof einen neuen Namen an. Wie um zu markieren, dass das Gestern nicht mehr gilt. Dass er ein neuer Mensch, ein anderer geworden ist. Vorbild dafür ist der Apostel Petrus, der ja eigentlich Simon hieß, dem aber Jesus selbst den neuen Namen Petrus (bzw. Kephas) beilegte (Matthäus 16,18); einen seltsamen Namen, nebenbei bemerkt, denn er bedeutet »Fels«, und das ist eigentlich gar kein Name, sondern eher ein Amt … Doch kehren wir zurück zum Balkon. »Habemus Papam, Wir haben einen Papst«, ruft Mamberti also, und dann: »Robertum Franciscum … Prevost.« Da kommt – kann man das so sagen? – fragender Beifall auf: Prevost? Diesen Namen haben die meisten Menschen auf dem Platz offenbar noch nicht gehört.

Erst als der Kardinal auf Latein auch noch den Papstnamen des Gewählten mitteilt, nämlich Leo XIV., schwillt der Beifall wieder an, wird ohrenbetäubend. Denn der neue Papst stellt sich offenbar in eine Tradition, mit der viele Menschen spontan etwas anfangen können, auch wenn sich seit über 100 Jahren kein Petrusnachfolger mehr den Namen Leo zugelegt hat. Der Letzte in der Leo-Liste war Leo XIII. (1878–1903), der 1891 mit der Enzyklika »Rerum novarum« eine Antwort auf das Marx'sche »Kommunistische Manifest« fand – die Enzyklika war der Startschuss für die katholische Soziallehre, eine moderne Doktrin christlicher Hinwendung zu den Armen und Geschundenen dieser Erde, basierend auf den Säulen Gemeinwohl, Solidarität und Subsidiarität. Nicht wenigen Menschen auf dem Petersplatz ist diese Leo-Tradition vertraut; der neue Papst scheint also auf neue Weise das aufnehmen zu wollen, was der Vorgänger mit seiner präzedenzlosen Namenswahl Franziskus ausgedrückt hatte: für die Menschen eintreten, speziell für die Schwächsten, die Vergessenen und die Ausgeschlossenen, ganz im Sinn des hl. Franz von Assisi (1181–1226) und eben des letzten Leo. Wie hieß übrigens einer der treuesten Gefährten und Freunde des hl. Franz, von dem wir bewegende Aufzeichnungen über dessen Leben besitzen? Bruder Leo. Der Reigen der Assoziationen ist eröffnet.

Aber Prevost? Weil den meisten Menschen auf dem Platz wegen des zeitweiligen Funklochs das Googeln nicht möglich ist, machen ein paar Basisinfos über den Neuen per Mundpropaganda die Runde. Ein US-Amerikaner, nicht zu fassen! Der aber lange als Missionar in Peru gelebt hat. 69 Jahre alt. Ein Ordensmitglied? Ja – Augustiner. Das ruft, nach Leo, einen weiteren klingenden Namen aus der Geschichte des Christentums auf, denn der hl. Augustinus von Hippo (354–430), einer der Kirchenlehrer des

Westens, gehört zu den markantesten christlichen Denkern und Schriftstellern. Und es ist bemerkenswert, dass die katholische Kirche nach Franziskus, dem Jesuiten, erneut ein Ordensmitglied auf den Schild hebt, denn die Orden waren stets ein Element der Reform innerhalb der Kirche, und auch der vorletzte, der deutsche Papst hat sich, obwohl er keinem Orden angehörte, doch in die Tradition eines solchen gestellt, als er den Namen Benedikt XVI. wählte: Benedikt wie der Vater des abendländischen Mönchtums und auch Europas, Benedikt von Nursia (480–547). Es ist, auch weiterhin, der Moment der Orden in der Kirche, und das reimt sich auf Erneuerung. Auch Martin Luther (1483–1546) war Augustiner – und der Papst, der den Bann gegen ihn schleuderte, hieß Leo … (Leo X. Medici, 1513–1521).

Prevost also – ein US-Amerikaner. Das erste katholische Kirchenoberhaupt aus dem Norden des amerikanischen Doppelkontinents. Das war eigentlich unvorstellbar, weil zum einen viele der Wahlkardinäle aus dem globalen Süden stammen und Vorbehalte gegenüber dem Hegemon auf dem Weltschachbrett hegen; auch der Argentinier Franziskus war von solchen Vorbehalten keineswegs frei gewesen. Zum anderen aber sitzt im Weißen Haus in Washington derzeit mit Donald Trump ein Präsident, der die Axt an die Wurzel der Menschenrechte, des Rechtsstaats und der internationalen Zusammenarbeit legt, und in einer solchen geschichtlichen Stunde ist die Wahl eines US-Amerikaners zum Papst alles andere als selbstverständlich. »Ein Papst aus den USA«, so wird einen Tag später ein Leitartikler des »Corriere della Sera« kommentieren, »ist eigentlich noch überraschender als ein argentinischer Jesuitenpapst.«

19.23 Uhr: Papst Leo XIV. betritt den berühmten Balkon von St. Peter und winkt hinunter. Das ist er also, der neue Kapitän des Schiffleins Petri. Ein schlanker, bebriller Mann; hohe Stirn, graue Haare, Halbglatze, ein freundliches, etwas scheues Lächeln. Man sieht ihn immer wieder schlucken und die Augen zusammenkneifen vor Aufregung, manchmal senkt er den Kopf auf die Brust, dann wirft er ihn hoch, er ist spürbar bewegt. Anders als Franziskus, der nach seiner Wahl vor zwölf Jahren im einfachen weißen Papstgewand, also sozusagen in Alltagskleidung auf dem Balkon erschienen war, hat Leo sich für den traditionellen rotvioletten Schulterumhang namens »Mozzetta« und die dazugehörige Stola entschieden. Er trägt auch kein einfaches silbernes Brustkreuz wie weiland der Argentinier, sondern hat sich für seinen ersten Auftritt ein goldenes umgelegt. Doch wie er so dasteht auf dem petrinischen Balkon, hat er nichts Pompöses an sich, wirkt er nicht wie verkleidet. »Der sieht schon ganz so aus wie ein Papst«, höre ich jemanden in meiner Nähe sagen.

Die Menschen auf dem Platz bereiten Papst Leo einen frenetischen Empfang. Die deutsche Journalistin Christiane Florin hat diesen Moment, in dem ein neugewählter Papst auf die Loggia des Petersdoms tritt, einmal als »Balkonszene« bezeichnet, das lässt an Romeo und Julia denken und ist vielleicht etwas übertrieben, auch weil hier natürlich keine Julia an die Balustrade tritt. Trotzdem hat die Bezeichnung etwas Stimmiges, denn dieser Augenblick birgt einen funkelnden Anfangszauber, und er lässt sich nicht planen. Hier zeigt sich, ob etwas überspringt vom neuen Hirten auf seine Herde oder auch umgekehrt, und in diesem Moment kann man sagen, dass sich da tatsächlich eine

Verbindung aufbaut zwischen den Menschen auf der Piazza und Papst Leo XIV. auf dem Balkon. Der Neue winkt also, und zwar nicht päpstlich-verhalten, sondern den rechten Arm oder auch beide nach oben gereckt, so wie man Freunden zuwinkt.

Auf den Balkonen links und rechts von Leos Loggia drängeln sich Kardinäle, die an der Wahl in der Sixtina beteiligt waren und jetzt auch die Balkonszene miterleben wollen, und gleich neben Leo steht mit freundlich verzogenen Mundwinkeln Kardinal Parolin, der Mann also, der vielen bei dieser Wahl als Favorit gegolten hat und der (getreu dem bekannten römischen Sprichwort) als Papst ins Konklave hineinging, doch als Kardinal wieder herauskam. Dass ihn Prevost mit sich auf den Balkon geholt hat, macht augenfällig, dass sich die beiden, wie auch immer genau die Dynamik der Papstwahl hinter verrammelter Tür gelaufen sein mag, offenbar nicht überworfen haben.

Sie dauert nur ein paar Minuten, diese erste Konfrontation der ungefähr 100.000 Menschen mit dem neuen Papst aus den Staaten. Früher wäre es dabei geblieben; der Erwählte hätte noch seinen lateinischen Segen erteilt, aber ansonsten wäre kein weiteres Wort gefallen, ganz als dürfe es nicht anders sein, als müsse der erste Tag im Leben eines Papstes beschränkt bleiben auf ein Rauchzeichen und einige lateinische Formeln. Doch der Pole Johannes Paul II. hat 1978 die Strenge dieses Rituals durchbrochen und auf Italienisch eine Stegreifansprache gehalten, und seine beiden Nachfolger taten es ihm bei ihrem ersten Auftritt gleich; unvergessen das »Buona sera« des Franziskus, ein einfaches »Guten Abend«. Auch Leo XIV. zieht nun einen College-Block hervor und ruft, indem er die Arme ausbreitet, auf Italienisch in

Habemus Papam: Leo XIV. tritt vor die Kirche und die ganze Welt.

den aufbrandenden Applaus hinein: »Der Friede sei mit euch allen!«

Das sei der erste Gruß Jesu nach seiner Auferstehung gewesen, fährt der Papst fort, sobald der Beifall abzuebben beginnt. »Auch ich wünsche mir, dass dieser Friedensgruß in eure Herzen eingeht, eure Familien erreicht, alle Menschen, wo immer sie auch sind, alle Völker, die ganze Erde. Der Friede sei mit euch!« Leos Ruf ist ein Kontrapunkt zum Kriegsgeheul, das in unseren Tagen in Russland, im Heiligen Land oder im Sudan zu hören ist, und es muss beeindrucken, dass es ausgerechnet ein US-Bürger ist, der diese Worte spricht. Er rede vom Frieden des auferstandenen Herrn, spinnt Leo seinen Faden weiter: »Ein unbewaffneter und entwaffnender Friede, demütig und beharrlich. Er kommt von Gott, dem Gott, der uns alle bedingungslos liebt.«

Auf den Tag genau 80 Jahre nach dem Ende des Zweiten Weltkriegs in Europa, dem 8. Mai 1945, startet ein Papst aus den Vereinigten Staaten mit einem Friedensappell in sein Pontifikat. Das ist ein politischer, zugleich ein pastoraler, aber kein biografischer Auftakt; die Vorgänger – von Johannes Paul über Benedikt bis Franziskus – haben bei ihrer ersten Rede zunächst mal etwas über das Konklave gesagt und über sich selbst. Der Pole ließ wissen, dass er »aus einem fernen Land« komme und »Angst« davor gehabt habe, »diese Ernennung anzunehmen« (1978); der Bayer wies darauf hin, dass sich die Kardinäle für »einen einfachen und bescheidenen Arbeiter im Weinberg des Herrn« entschieden hätten (2005); und der Argentinier befand, seine Kardinals-Mitbrüder seien »fast bis ans Ende der Welt gegangen«, um einen Bischof für Rom zu finden (2013). Leo XIV. hingegen sagt zunächst nichts über sich selbst, sondern drückt gleich auf die programmatische Taste. Sein »Der Friede sei mit euch allen!« erinnert an das emblematische »Habt keine Angst«, mit dem Johannes Paul II. 1978 in der Predigt bei seiner Amtseinführung ins Pontifikat startete.

Erst nach diesem Friedensruf zeigt der US-Pontifex, dass er auch das persönliche Fach beherrscht. Er erinnert daran, dass vor nicht einmal drei Wochen sein Vorgänger Franziskus von diesem Balkon aus den Ostersegen »Urbi et orbi« erteilt hatte. Es war, abgesehen von einer Runde im Papamobil über den Petersplatz, der letzte öffentliche Auftritt des Todkranken gewesen. »Wir hören noch immer die schwache, aber stets mutige Stimme von Papst Franziskus, der Rom segnete … der an jenem Ostermorgen der Welt, der ganzen Welt seinen Segen gab.«

Da wird eine Szene heraufbeschworen, die noch viele Menschen in Erinnerung haben. Doch gleich wechselt Papst Prevost wieder vom Spezifischen ins Allgemeine: »Gestattet mir, an diesen Segen anzuknüpfen: Gott liebt uns, Gott liebt euch alle, und das Böse wird nicht siegen! Wir alle sind in den Händen Gottes. Lasst uns daher ohne Angst, Hand in Hand mit Gott und miteinander, weitergehen! Wir sind Jünger Christi. Christus geht uns voran. Die Welt braucht sein Licht. Die Menschheit braucht ihn als Brücke, um von Gott und seiner Liebe erreicht zu werden. Helft auch ihr uns und helft einander, Brücken zu bauen durch Dialog, durch Begegnung, damit wir alle vereint ein einziges Volk sind, das dauerhaft in Frieden lebt. Danke, Papst Franziskus!«

Die Worte des neuen Papstes werden immer wieder von Beifall unterbrochen. Er ruft wichtige Stichworte seines Vorgängers auf – Brücken bauen, Dialog, Kultur der Begegnung –, doch

In nomine Domini. Amen.

Ego Didacus Joannes Ravelli, Archiepiscopus tit. Recinetensis,
Celebrationum Liturgicarum Pontificalium Magister,
munere notarii fungens, attestor et notum facio
Eminentissimum ac Reverendissimum Dominum
Dominum Robertum Franciscum titulo Ecc. Sub. Albanensis
Sanctae Romanae Ecclesiae Cardinalem Prevost
acceptasse electionem canonice de Se factam in Summum Pontificem Sibique nomen imposuisse

Leonem XIV

ut de hoc publica quaecumque instrumenta confici possint.
Acta sunt haec in Conclavi in Palatio Apostolico Vaticano post obitum felicis recordationis
Papae Francisci, hac die VIII mensis Maii Anno Sancto MMXXV
testibus adhibitis atque rogatis Excellentissimo Domino Ilson de Jesus Montanari
Archiepiscopo tit. Capitis Cillensis et Cardinalium Collegii Secretario,
atque Reverendissimis Dominis Marco Agostini et Maximiliano Matthaeo Boiardi,
viris a Caeremoniis Pontificalibus.

+ Ilson de Jesus Montanari

+ Didacus Joannes Ravelli
Marco Agostini
Maximilianus Matthaeus Boiardi

Die Urkunde der Zeugen, dass aus Robert Prevost Leo XIV. geworden ist.

fast unmerklich wird hinter der Würdigung des verstorbenen Pontifex auch Leos eigenes Projekt sichtbar. Die Kardinäle hätten ihn zum Nachfolger Petri gewählt, »damit wir zusammen als geeinte Kirche unterwegs sind, stets auf der Suche nach Frieden und Gerechtigkeit, stets darauf bedacht, als Männer und Frauen zu arbeiten, die Jesus Christus treu sind, ohne Furcht, um das Evangelium zu verkünden, um Missionare zu sein.« Darin steckt schon sehr viel Leo und nicht nur Francesco: Suche nach Frieden und Gerechtigkeit, Einsatz als Missionar. Zugleich ist die Kontinuität deutlich.

»Ich bin ein Sohn des heiligen Augustinus, ein Augustiner, und dieser sagte: ›Mit euch bin ich Christ, für euch bin ich Bischof‹. In diesem Sinne können wir alle gemeinsam auf jene Heimat zugehen, die Gott uns bereitet hat.« Es folgt ein Gruß des Papstes an zwei Diözesen – zuerst an seine neue, die Diözese Rom. Ihr schreibt er ins Stammbuch, dass sie stets »alle mit offenen Armen aufnehmen« solle, »so wie dieser Platz«, eine Anspielung auf die geniale Intuition Gian Lorenzo Berninis (1598–1680), den Petersplatz mit Kolonnaden einzufassen und dadurch visuell in Schwung Richtung Basilika zu versetzen. An zweiter Stelle jedoch, und das ist ungewöhnlich, grüßt Leo auch sein altes Bistum, Chiclayo in Peru, und er tut dies auf Spanisch, was ihm der Platz mit heftigem Applaus dankt. In Chiclayo, so Leo, habe »ein gläubiges Volk seinen Bischof begleitet, seinen Glauben geteilt und so viel gegeben, um eine treue Kirche Jesu Christi zu bleiben«. Es ist eine Premiere, dass sich ein neuer Papst bei seiner Balkonszene in einem anderen Idiom als dem Italienischen an die Menschen wendet.

Am Schluss seiner mit Verve vorgetragenen, stellenweise vielleicht etwas redundanten Rede – sie dauert sechs Minuten, also weit länger als die Auftaktansprachen seiner drei Vorgänger – bekennt sich der Papst aus Nordamerika ausdrücklich zur Weltsynode, die Franziskus auf den Weg gebracht hat. »Wir wollen eine synodale Kirche sein, eine Kirche, die unterwegs ist, eine Kirche, die stets den Frieden sucht, die stets die Liebe sucht, die sich stets bemüht, insbesondere denen nahe zu sein, die leiden.« Noch ein *Ave Maria*, dann erteilt Leo XIV. auf Latein seinen Segen »Urbi et orbi« für die Stadt Rom und den gesamten Erdkreis.

Eine gute Viertelstunde, länger hat die Balkonszene nicht gedauert. Und der Papst aus den USA hat zwar Spanisch gesprochen … aber kein Wort Englisch.

2
Ein »Anti-Trump«?

Leo der Amerikaner

Es ist kein Geheimnis, dass Donald Trump (78) gern fernsieht. Auch an diesem Donnerstag verfolgt der US-Präsident, nach eigener Behauptung ein »nicht konfessionsgebundener Christ«, an einem TV-Gerät des Weißen Hauses in Washington das »Habemus Papam« aus Rom, vermutlich über seinen Lieblingssender »Fox News«. Als feststeht, dass ein Landsmann ins Spitzenamt der katholischen Kirche gewählt worden ist, gratuliert er über sein eigenes Netzwerk »Truth Social«: »Wie aufregend und welch Große (sic) Ehre für unser Land. Ich kann es gar nicht erwarten, Papst Leo XIV. zu treffen.« Später erzählt er Journalisten: »Ich habe zugeschaut, und sie haben gesagt, dass er ein Amerikaner ist, und ich sagte: Großartig!« Auch sein Vizepräsident J. D. Vance, der als Erwachsener vom evangelikalen Christentum zum Katholizismus übergewechselt ist, reagiert schnell auf die Nachricht aus dem Vatikan: »Ich bin sicher, Millionen amerikanischer Katholiken und anderer Christen werden für seine erfolgreiche Arbeit an der Spitze der Kirche beten.«

Das alles klingt sehr ausgewogen und zahm. Seltsam eigentlich, wenn man bedenkt, wie rumpelig und hemdsärmelig die Trump-Regierung normalerweise agiert. Der Präsident, der mit seiner blonden Mähne viel eher wie ein Löwe wirkt als der bebrillte Vatikan-Leo, scheint den Atem anzuhalten. Wo steht denn dieser Prevost? Ist er ein Trump-Gläubiger oder, nicht auszudenken, ein Anhänger der Demokraten? Es dauert nicht lange, da werden aus Trumps MAGA-Bewegung (das Kürzel steht für den Schlachtruf »Make America Great Again«) die ersten Warnrufe laut: Steve Bannon, Strippenzieher hinter Trumps erstem Wahlsieg von 2016, spricht von einer »Anti-Trump-Wahl durch die Globalisten in der Kurie«. Für »MAGA-Katholiken«, zu denen er sich selber zählt, sei Prevosts Aufstieg das Schlimmste, was passieren konnte, der Super-GAU. Schon vor Beginn des Konklaves hatte Bannon in einem TV-Interview vor einer Wahl Prevosts zum Papst gewarnt; der Mann werde von dunklen Kräften innerhalb der Kirche gefördert und sei ein Liberaler. »Das wird eine Katastrophe. Wir riskieren ein Schisma.« Noch schriller macht sich auf X die Rechtsaktivistin Laura Loomer bemerkbar, die den neuen Papst auf die Formel bringt: »Anti-Trump, Anti-MAGA, für offene Grenzen, ein totaler Marxist wie Papst Franziskus … Eine weitere marxistische Marionette im Vatikan«.

Tatsächlich dauert es nicht lange, bis einige Zwitschereien Prevosts auf seinem Twitter- und später X-Profil (@drprevost) bekanntwerden, die er vor seinem jüngsten Karrieresprung abgesetzt hat und die die Befürchtungen der Trump-Anhänger bestätigen. Im Frühjahr 2025 hatte der US-Kardinal, damals noch Präfekt des vatikanischen Dikasteriums für Bischöfe, auf X knapp erklärt: »J. D. Vance hat unrecht: Jesus erwartet nicht von uns, dass wir in unserer Liebe zu anderen eine Reihenfolge beachten.« Das war eine unverblümte Antwort auf eine Äußerung des Vizepräsidenten bei Fox News: »Es gibt ein christliches Konzept, das sagt: Liebe deine

Gaudium magnum für die einen, horror terribilis für die anderen.

Familie, und dann liebe deinen Nachbarn, deine Gemeinschaft, schließlich deine Landsleute, und danach erst kannst du dem Rest der Welt Priorität geben.« Der Konvertit Vance, der sich gern auch einmal »Babykatholik« nennt, berief sich da auf eine »ordo amoris«, die er beim hl. Augustinus entdeckt habe. Nicht nur Prevost wies – als Augustiner – Vances Versuch zurück, Washingtons radikaler Anti-Migranten-Politik ein christliches Mäntelchen umzuhängen, auch Papst Franziskus schrieb in der Sache einen deutlichen Brief an die Bischofskonferenz der USA. Mitte April hatte Kardinal Prevost dann auf X den Artikel eines US-Weihbischofs weiterempfohlen, der einst als illegaler Einwanderer ins Land gekommen war. Diese Positionierung des Kardinals erfolgte in einem Moment, in dem Trump angeblich kriminelle Ausländer ohne Prozess nach El Salvador abgeschoben hatte, wo sie (ein Deal mit dem salvadorianischen Staatschef Nayib Bukele machte es möglich) im Gefängnis verschwanden. Und schon 2017 hatte ein anderer »Retweet« Prevosts (der damals noch nicht Kardinal war) einem Text gegolten, der Trump dazu aufforderte, sich gegen den Klimawandel zu engagieren.

Kein Zweifel: Der neue Papst ist kein Trump-Anhänger, sondern liegt mit dem erratischen Hausherrn im Oval Office in zentralen Fragen, vor allem was das Thema Migration betrifft, über Kreuz. Schon vom Auftreten her trennen die beiden Männer Welten; Leo liegt jedes Auftrumpfen fern, er kommt nicht breitbeinig daher, entspricht überhaupt nicht dem Stereotyp eines Yankees, sondern ist, wie der »Spiegel« treffend titelte, ein »sanfter Löwe«. Wäre dem nicht so, dann hätten ihn die Kardinäle in der Sixtinischen Kapelle wohl kaum mit Zweidrittelmehrheit zum

Von Kardinal Prevost auf X geteilt: Kritik an Trump.

obersten Hirten der Weltkirche gekürt. Dass ausgerechnet in der Ära Trump II ein Amerikaner in den Vatikan einzieht, kann man also wirklich als »postumen Triumph von Franziskus über den amerikanischen Präsidenten und die Bischofskonferenz der Vereinigten Staaten (deuten), in der bis zuletzt seine unerbittlichsten Widersacher saßen. Prevost gehörte zu den wenigen führenden Kirchenleuten jenseits des Atlantiks, die treu zu Franziskus standen« (so Thomas Jansen in der FAZ).

Muss man sich nun also auf ein Fernduell zwischen der Piazza San Pietro und der Pennsylvania Avenue 1600 einstellen? Wird Leo XIV. zur Nemesis des Donald Trump, so wie einst Johannes Paul II., der Papst aus dem Osten, die kommunistischen Parteibonzen alt aussehen ließ? Erinnern wir uns: Dass 1978 mitten im Kalten Krieg ein Pole zum Petrusnachfolger gewählt wurde, hatte auf die Dauer systemsprengende Wirkung; über den Hebelpunkt Polen, auf dessen mehrheitlich katholische Bevölkerung er von Rom aus und bei Reisen in die Heimat starken Einfluss ausübte, brachte Papst Wojtyła den Ostblock ins Wanken und trug seinen Teil dazu bei, dass 1989 schließlich die Berliner Mauer fiel. Allerdings: Geschichte wiederholt sich nicht. Leo ist nicht Johannes Paul, und Trump ist nicht Breschnew. Die Konstellation ist dennoch interessant. Auf zwei internationalen Schlüsselpositionen stehen sich jetzt zwei Amerikaner gegenüber, wie sie gegensätzlicher kaum sein könnten. Der eine ruft nach Frieden für alle Menschen, der andere behauptet: »Ich könnte mitten auf der 5th Avenue in New York jemanden erschießen und die Leute würden mich trotzdem wählen.« Man darf gespannt sein, wie das jetzt los- und weitergehen wird zwischen Papst Prevost und

Präsident Trump, der vor dem Konklave gealbert hatte: »Ich wäre gern Papst, das wäre meine erste Wahl …«

Der Erzbischof von New York, Kardinal Timothy Dolan (75), scheint nicht an einen kommenden Zusammenstoß der beiden ungleichen Amerikaner zu glauben. Die heutige Lage sei nicht mit der Wahl Johannes Pauls II. zu vergleichen, versicherte er der Tageszeitung »La Stampa«. »Der Papst wird Brücken zu den Führern aller Nationen bauen, auch zu Präsident Trump. Genau das bedeutet ja auch das Wort Pontifex: jemand, der Brücken baut. Es wird keinen Staatsführer geben, den Papst Leo wichtiger oder unwichtiger finden wird als irgendeinen anderen.« Ein Schelm, wem bei dieser Beschwörung des Brückenbauens die Worte in den Sinn kommen, mit denen 2016 Papst Franziskus Trump (damals noch Präsidentschaftskandidat) durch die Blume kritisiert hatte: »Eine Person, die nur daran denkt, wie man Mauern baut und nicht Brücken – wer auch immer es sein mag –, ist nicht christlich.« Ein Schelm ebenso, wer daran denkt, dass Kardinal Dolan selbst schon so manche Brücke zu Trump geschlagen hat. Etwa indem er bei einem republikanischen Wahlparteitag und bei Trumps letzter Amtseinführung als Beter auftrat.

Nun macht man es sich allerdings zu einfach, wenn man den neuen Papst zu einem »Anti-Trump« aufbaut. Denn in einigen Punkten vertrat (vertritt?) der heutige Leo XIV. Positionen, die denen der Republikanischen Partei ähneln. Die Ablehnung von Abtreibung vor allem. Aber auch das Misstrauen gegenüber allen Versuchen, Homosexuellen oder der LGBTQ+-Gemeinschaft mehr Rechte zu geben, Gender-Studien in der Schule einzuführen oder eine »Ehe für alle« zu erlauben. Dass Papst Franziskus die Segnung »irregulärer«, etwa homosexueller, Lebensgemeinschaften unter bestimmten Bedingungen genehmigte, hat Kardinal Prevost zwar verteidigt; doch in einer Predigt, die er 2012 als Bischof gehalten hat, warnte er vor einem »homosexuellen Lebensstil« sowie vor »alternativen Familien, die aus zwei Partnern desselben Geschlechts und ihren Adoptivkindern bestehen«. Und er kritisierte westliche Medien dafür, »Sympathien für Überzeugungen und Praktiken zu zeigen, die in Kontrast zum Evangelium stehen«.

Eine Durchsicht der Wählerregister von parteiinternen Vorwahlen zur Präsidentenwahl soll nach US-Medienrecherchen zeigen, dass Prevost 2008 und 2010 bei den Demokraten mitgestimmt hat, 2012, 2014 und 2016 hingegen bei den Republikanern. Und noch Ende 2024 hat der Kardinal sich offenbar von Rom aus per Briefwahl an der Präsidentenwahl beteiligt. Was wohlgemerkt noch nichts darüber verrät, für welche Partei oder welchen Kandidaten er bei Vor- oder Präsidentenwahlen seine Stimme abgegeben hat. Natürlich darf man spekulieren; 2008 war der Moment von Barack Obamas Aufstieg, und Obama stammt wie Prevost aus der »South Side« von Chicago und hat als Sozialarbeiter angefangen. Man könnte sich vorstellen, dass das auf den heutigen Papst attraktiv gewirkt hat. 2012 mag es ihm dann interessanter erschienen sein, bei den Republikanern mitzustimmen, wo das Rennen um die Präsidentschaftsnominierung offen war. Aber das sind und bleiben Spekulationen.

Nicht nur auf republikanischer, sondern auch auf demokratischer Seite wird in den Stunden nach der spektakulären Papstwahl des Landsmanns versucht, Leo XIV. als Gesinnungsgenossen hinzustellen. Ebenfalls nicht ganz zu Unrecht; der Einsatz des neuen Papstes für Klimaschutz, für Flüchtlinge und Migranten, für die Armen und Entrechteten der Welt, gegen die Todesstrafe und gegen das Waffentragen rührt an die demokratische Agenda, für die Trumps Vorgänger, der Katholik Joe Biden (82), stand. »Wir brauchen auf der internationalen Ebene jemanden, der von den Armen sprechen kann, von den an den Rand Gedrängten, den Flüchtlingen« – das ist eines dieser Prevost-Zitate, die jetzt nach und nach bekanntwerden. »Auch wenn die Leute freundlich nicken und ihres Wegs gehen – wir brauchen so eine Stimme.« Nein, dieser in Fragen von Lebensrecht, Familie und Sexualethik eher konservativ, in sozialethischer Hinsicht aber progressiv tickende Pontifex entzieht sich den einfachen politischen Rastern von rechts oder links, wie sein Vorgänger ja auch schon. Franziskus hatte, als man ihn vor der letzten US-Präsidentenwahl im Herbst 2024 auf die Kandidaten Donald Trump (Republikaner) und Kamala Harris (Demokraten) ansprach, zu erkennen gegeben, dass er beide nicht für ideal hielt. Der eine – gemeint war Trump – weigere sich, Migranten aufzunehmen, und das sei »eine Sünde«; die andere – das zielte auf Harris – verteidige ein Recht auf Abtreibung, obwohl Abtreibung die Tötung eines menschlichen Wesens bedeute. Die einzige Frage aus katholischer Sicht sei deshalb: »Wer ist das geringere Übel?«

Eines kann man in jedem Fall sagen: Die Wahl Prevosts bedeutet eine Botschaft an die politische Klasse, die Gesellschaft und die katholische Kirche der Vereinigten Staaten, wie der in Philadelphia lehrende Theologe Massimo Faggioli gegenüber der Nachrichtenagentur KNA ausführt. Ein »panamerikanischer

Papst« als Gegenentwurf zu einer Regierung, die das Land »zum Gott des ›Make America Great Again‹« bekehren wolle. Wie genau Leo die Kirche in den USA beeinflussen werde, sei schwer vorherzusagen; sie erlebe gerade ein »flüssiges Schisma« zwischen Konservativen und Reformern. Doch einen »Leo-Effekt« auf den US-Katholizismus werde es mit Sicherheit geben. »Man kann davon ausgehen, dass Prevost den US-Bischöfen gegenüber eine ganz andere Haltung einnehmen wird als Franziskus. Es wird schwieriger sein, diese zu ignorieren, sowohl auf der rechten als auch auf der linken Seite.«

Doch wie auch immer man Leo XIV. politisch einzuordnen versucht: Es ist in jeder Hinsicht unerwartet und sensationell, dass erstmals ein US-Amerikaner (und mag er auch, wie manche formulieren, »der unamerikanischste aller Amerikaner« sein) in das Amt des Papstes gelangt ist. Washington und der Vatikan haben im Lauf der Geschichte die meiste Zeit gefremdelt, erst vor gut 40 Jahren nahmen sie volle diplomatische Beziehungen auf; ins Kollegium der Kardinäle ist ein US-Amerikaner zum ersten Mal vor anderthalb Jahrhunderten eingerückt. US-Katholiken, ob Latinos, ob irischer oder italienischer Herkunft, fühlten sich von der protestantischen Elite an der Ostküste häufig diskriminiert; dass ein Katholik Präsident wird, war lange undenkbar und ist überhaupt erst zweimal vorgekommen (Kennedy und Biden). Umgekehrt, wir haben das schon erwähnt, nähren vor allem Katholiken im globalen Süden Ressentiments gegen die Weltmacht USA, und mancher Kardinal aus jenen Breiten musste wohl über seinen Schatten springen, um den Namen eines Amerikaners auf den Sixtina-Stimmzettel zu schreiben.

Und in dessen Geburtsland? Die Nachricht, dass einer der Ihren auf den Stuhl Petri gestiegen ist, führt bei vielen US-Amerikanern spontan zu einem »Wir-sind-Papst«-Gefühl. »Im Regionalzug 95 von New York nach Washington erhebt sich um 13.13 Uhr Ortszeit ein Freudenschrei«, berichtet der US-Korrespondent des »Corriere della Sera«. »Fast alle Passagiere, unter ihnen viele Afroamerikaner, hatten auf ihren Handys die Live-Übertragung vom Petersplatz verfolgt, je nach politischer Neigung auf CNN oder Fox. Und alle – Demokraten und Republikaner, Schwarze und Weiße – jubeln über die Nachricht des ersten nordamerikanischen Papstes in der Geschichte. Dieses optimistische und unruhige Volk ist auch ein sehr nationalistisches. Ein Volk mit der Landesflagge im Garten. Und die Wahl eines ›Born in the USA‹-Papstes elektrisiert das ganze Land.«

Natürlich treffen unmittelbar nach dem Bekanntwerden der Wahl Glückwünsche aus aller Welt ein. UNO-Generalsekretär Antonio Guterres lobt von New York aus Leos Friedensbotschaft. »Trotz des Reichtums an Herkünften und Überzeugungen teilen doch alle Menschen auf Erden dasselbe Ziel, dass nämlich Friede sei auf der ganzen Welt.« Auch dem ukrainischen Präsidenten Wolodymyr Selenskyj brennt vor allem das Thema Frieden unter den Nägeln; er erklärt, sein Volk hoffe auf »weitere moralische und spirituelle Unterstützung des Vatikans bei den Bemühungen der Ukraine, die Gerechtigkeit wiederherzustellen und einen dauerhaften Frieden zu erreichen«. Aus Moskau säuselt der russische Autokrat Wladimir Putin zwei Sätze über »konstruktiven Dialog« und »gemeinsame christliche Werte«, die EU-Spitze spricht in ihrem Statement in Brüssel ebenfalls von »gemeinsamen Werten« – allerdings ist da von »christlich« nicht explizit die Rede, stattdessen vom »Streben nach einer gerechteren und mitfühlenderen Welt«.

Staatstragend klingen die Worte des neuen deutschen Bundeskanzlers Friedrich Merz: »Für viele Menschen sind Sie ein Anker für Gerechtigkeit und Versöhnung. In Deutschland blicken die Menschen mit Zuversicht und positiver Erwartung auf Ihr Pontifikat.« Der CDU-Politiker ist mit seinen 69 Jahren nur knapp zwei Monate jünger als der neue Papst und erst zwei Tage vor Leo ins Amt gekommen. Auch Georg Bätzing, der an der Spitze der deutschen Bischofskonferenz steht, würdigt Leo. Der Kirche in Deutschland stärke es den Rücken, dass der neue Papst sich unmittelbar »zu einer synodalen Kirche, die voranschreitet und für alle Menschen da sein will«, bekannt habe. »Gerade seine Würdigung von Papst Franziskus zeigt, dass sich Papst Leo XIV. in Kontinuität zu seinem Vorgänger sieht.« Der Limburger Bischof unterlässt den Hinweis, dass Franziskus seine Schwierigkeiten mit dem »Synodalen Weg« hatte, und dass einer der blauen Briefe aus dem Vatikan zur Bremsung des Reformeifers jenseits der Alpen auch die Unterschrift Prevosts trug. Immerhin kennt Bätzing den neuen Papst persönlich, etwa von Gesprächen am Rand der Vollversammlungen zur Weltsynode, zuletzt im Herbst 2024. Prevost sei ein ruhiger Typ, ein guter Zuhörer. Keiner, der sich gern nach vorn spielt.

In Istanbul kündigt das Ehrenoberhaupt der orthodoxen Christen in aller Welt, Bartholomaios, seine Teilnahme an der Amtseinführung von Papst Leo XIV. an; schon zur Amtsübernahme von Franziskus zwölf Jahre zuvor war der Ökumenische Patriarch von Konstantinopel angereist. »Wir blicken mit christlicher Hoffnung auf den neuen Pontifex«, erklärt Bartholomaios und wünscht sich, dass Leo den 1700. Jahrestag des Konzils von Nizäa, auf dem unter der Regie von Kaiser Konstantin ein christliches Glaubensbekenntnis formuliert wurde, mit einer Reise an den Originalschauplatz Iznik in der heutigen Türkei markieren wird. Da hat der Papst längst die Einladung zu einer weiteren Reise erhalten: nach Brasilien nämlich, zum nächsten Weltklimagipfel COP30, der im November 2025 in Belém ausgerichtet wird, an der Mündung des Amazonas.

Doch die lebhaftesten Reaktionen auf die Wahl des Papstes kommen aus seiner Heimat – oder muss man sagen: aus seinen zwei Heimaten? Denn der Amerikaner Prevost hat, wie die Weltöffentlichkeit in diesen Stunden und Tagen durch immer neue Berichte und Interviews erfährt, lange als Missionar und schließlich als Bischof in Peru gelebt; er verfügt sogar über die peruanische Staatsangehörigkeit. Chicago und Chiclayo sind die zwei Brennpunkte seiner biografischen Ellipse, der US-Geburtsort und der Ort in Peru, an dem er Ortsbischof war; »der einzige Unterschied zwischen beiden sind ein paar Buchstaben«, pflegt er zu scherzen. In den sozialen Medien tauchen zwei Fotos auf, wie Prevost hoch zu Pferd abgelegene Pfarreien in Peru besucht; den Zügel hält er dabei nur mit einer Hand. Auf dem einen Bild empfangen Kinder den Reiter, auf dem anderen trägt er eine Sonnenbrille wie ein Schauspieler. »Der Papst ist Peruaner, Gott liebt Peru!«, sagt Staatspräsidentin Dina Boluarte in einer ersten Stellungnahme in Lima, und dass Leo XIV. ein »Wahl- und Überzeugungs-Peruaner« sei.

Solchem Enthusiasmus will der Bürgermeister von Chicago in diesen Stunden nicht nachstehen: »Alles Gute, einschließlich des Papstes, kommt aus Chicago«, twittert Brandon Johnson. In einem Souvenirgeschäft tauchen T-Shirts mit der Aufschrift »Sweet Pope Chicago« auf, und Journalisten beginnen durch den gesichtslosen Vorort zu schwärmen, in dem Leo XIV. aufgewachsen ist. Einfamilienhäuser wie aus patriotischen Hollywood-Filmen, ein paar Fast-Food-Restaurants, Einkaufszentren, viele Latinos und Afroamerikaner; die Pizzeria »Aurelio's«, in der Prevost oft gegessen, die aber vor kurzem die Schotten dichtgemacht hat. Mittendrin die alte *St Mary of the Assumption Church,* in der der kleine Robert Francis einst mit seinen Eltern und seinen zwei großen Brüdern sonntags in einer der ersten Bänke saß. Das Kirchengebäude ist heruntergekommen, innen wie ausgeplündert, ein Loch im Dach, Graffiti auf dem Altar; über das, was nach dem Zweiten Weltkrieg einmal ein blühendes katholisches Neubauviertel war, in dem die Pfarrei den sozialen Mittelpunkt bildete, ist die Zeit hinweggegangen; inzwischen sind die Katholiken hier in der Minderheit, und *St Mary* steht zum Verkauf.

St Mary of the Assumption Church in Chicago, die aufgegebene Heimatpfarrkirche des heutigen Papstes.

3
Gottesdienst am Bügelbrett

Wie Rob den heiligen Augustinus entdeckt

Er fährt gern Auto. Er spielt ganz passabel Tennis, mit starker Rückhand, wie es heißt. Er ist ein Baseball-Fan, seine Lieblingsmannschaft sind die »White Sox« aus Chicago; in Italien drückt er der Fußballmannschaft »AS Roma« die Daumen. Er ist polyglott, spricht Fremdsprachen ohne wahrnehmbaren amerikanischen Akzent, liest und versteht auch Deutsch. Interviews gibt er nicht gern, und überhaupt steht er lieber in der zweiten Reihe als im Rampenlicht. Dicke Bücher hat er nicht geschrieben, aber er liest viel. Und während des Konklaves hat er nach dem Essen in der *Casa Santa Marta* beim Abräumen des Geschirrs geholfen. Es sind solche und ähnliche biografische Splitter, die im Einzelnen nicht unbedingt stimmen müssen (das ist die hohe Stunde der Mythenbildung), die aber zusammengelegt das Bild eines Papstes entstehen lassen, der vor allem eines ist: normal. Er hat, wie es heißt, einen ironischen Humor und ein lautes Lachen, und er steht morgens in aller Herrgottsfrühe auf und isst als Erstes Müsli mit Milch. Und ja, das preisgekrönte Kinodrama »Konklave«, das im letzten Herbst ein Kassenknüller war, hat er sich auch angesehen, noch vor dem Einzug in die Sixtina.

Ein normaler Mensch. Doch das Anekdotische droht den Blick darauf zu verstellen, was an Robert Francis Prevost besonders ist.

So besonders, dass sich die wahlberechtigten Kardinäle in atemberaubend kurzer Zeit auf ihn, den vermeintlichen Outsider, geeinigt haben. Der erste Babyboomer-Papst ist ein Mann zweier Welten: Er vereint in seiner Biografie Nord- und Südamerika, die westliche Welt und den globalen Süden, Liebe zur kirchlichen Tradition und Eifer fürs Soziale. Er ist zum Brückenschlag zwischen verschiedenen Strömungen in der Kirche imstande – ist somit tatsächlich, wie in diesen Tagen einige beobachten, eine Art Synthese aus Benedikt XVI. und Franziskus. Und er ist pragmatisch, verfügt über Seelsorge- und Missionserfahrung, kennt die Weltkirche in all ihrer Vielfalt, außerdem die Abläufe an der römischen Kurie. Ganz verschiedene Blickwinkel laufen da zusammen, wie seine alte theologische Fakultät in Chicago 2023 formulierte, als Prevost den Kardinalshut erhielt: »vom Uni-Hörsaal über lateinamerikanische Armenviertel bis hin zu den höchsten Rängen der Verwaltung«. Spirituell verortet er sich beim hl. Augustinus, einem der scharfsinnigsten Denker des Christlichen; damit rückt jetzt wie in den Tagen Benedikts XVI. wieder die Theologie der Kirchenväter und der frühen Kirche in den Fokus.

Robert Francis Prevost wurde am 14. September 1955 in Chicago geboren, im selben Krankenhaus wie seine älteren Brüder Louis Martin und John Joseph, nämlich dem *Mercy Hospital* an der Ecke 25th Street und Prairie Avenue. Seine Eltern Louis Prevost und Mildred Martinez Prevost stammten beide aus Einwandererfamilien, waren aber in den USA geboren. Sie wohnten in einem Backsteinhaus, das sie 1949 gekauft hatten und für das sie über lange Jahre monatlich eine Rate von 42 Dollar berappen mussten, bis die Hypothek abbezahlt war. Beide waren tief

Das Elternhaus des Papstes in Dolton, einem Vorort von Chicago.

religiös; der Vater engagierte sich als Katechet, die Mutter (acht Jahre älter als ihr Mann) sang im Kirchenchor, half in der Pfarrei aus (eine sogenannte »Church Lady«) und leitete eine Weile die »St Mary Altar and Rosary Society«. Beide Eltern von Papst Leo sind in den 1990er-Jahren verstorben.

Louis Marius Prevost, der Vater: Er war Lehrer und Schulleiter, Superintendent von Schulen in den südlichen Vororten der Metropole, in denen viele Migranten und Afroamerikaner lebten, und zuletzt Rektor einer Grundschule in den »Chicago Heights«. Im Zweiten Weltkrieg hatte er in der *Navy* gedient und an Kampfeinsätzen im Mittelmeer teilgenommen. Sein Familienname Prevost kommt in Frankreich und Norditalien (dort auch als »Prevosto«) häufiger vor und hat lateinische Wurzeln (*praepositus* = Vorgesetzter); die deutsche Entsprechung wäre »Propst« (kirchlich) oder »Vogt« (außerkirchlich). Louis Prevosts Vater, also der Großvater des Papstes, war aus der norditalienischen Region Piemont um 1900 mit etwa 25 Jahren in die USA eingewandert, einer von 15 Millionen italienischen Migranten, die zwischen 1850 und 1950 vor Armut und Hunger in ihrem Heimatland gen Amerika flüchteten, die von der Freiheitsstatue im Hafen von New York träumten und von ihren Verheißungen von Wohlstand und Glück. In Chicago hatte er eine Tochter französischer Einwanderer aus der Normandie kennengelernt und geheiratet; 1920 brachte das Paar Louis, den Vater des Papstes, zur Welt.

Auch von mütterlicher Seite her zeugt der Stammbaum Leos XIV. von den Migrantenströmen, die sich damals wie heute quer über den Globus ziehen. Mildred Agnes Martinez Prevost, die Mutter: Für die Freunde hieß sie Millie. Sie war spanischer Abstammung, wurde 1912 geboren, studierte in Chicago Bibliothekswesen und setzte später noch einen Master-Abschluss in Pädagogik obendrauf – keine Selbstverständlichkeit für diese Zeit und in diesen Breiten. Auch dass sie für eine andere Baseballmannschaft fieberte als ihre Söhne, nämlich für die »Cubs«, deutet auf Selbstbewusstsein hin. Sie arbeitete als Bibliothekarin, während zwei ihrer Schwestern Ordensfrauen waren. Im Haushalt der Prevosts in der »South Side« sollen oft Priester und Seminaristen zu Besuch gewesen sein, und das hatte angeblich nicht nur mit dem Engagement der Papsteltern in der Pfarrei, sondern auch mit Mildreds Kochkünsten zu tun.

Ihre spanische Abstammung haben wir schon notiert. Doch es ist komplizierter und amerikanischer; denn Mildreds Vater ist offenbar in der Dominikanischen Republik oder in Haiti geboren worden (»Father's Birthplace: Dominican Republic«, heißt es in Mildred Martinez' Geburtsurkunde, die nun im Internet zirkuliert). Ein Historiker aus New Orleans glaubt herausgefunden zu haben, dass Mildreds Eltern Kreolen oder Mulatten gewesen seien; sie hätten eine Zeitlang in einem der ärmsten und gefährlichsten Viertel von New Orleans, dem berüchtigten »Seventh Ward« gelebt, das 2005 vom Sturmtief »Katrina« verwüstet worden ist. Ein typisch katholisches Viertel sei das gewesen, voller Einwanderer mit afrikanischen, karibischen und europäischen Wurzeln. Dokumente aus der Zeit um 1900 stuften Mister Joseph Martinez, den Großvater des Papstes, diesen Erkenntnissen zufolge als »schwarz« ein, nennen »Hayti« als sein Geburtsland und – nebenbei bemerkt – die Zigarrenherstellung als seinen Be-

John Prevost, Bruder des Papstes.

Louis Prevost, Bruder des Papstes.

ruf. Hat der Kosmopolit Leo XIV. also auch afrikanisches Blut in den Adern? Die Antwort wird sich vielleicht einmal aus den Archivrecherchen der Stammbaumforscher ergeben; die Jagd auf entsprechende Geburts-, Heirats- oder Sterbeurkunden hat längst begonnen. Fest steht, dass dieser Papst eine geradezu klassische Einwanderungsgeschichte hat.

Chicago im Bundesstaat Illinois war damals wie heute eine der wirbeligsten Städte des amerikanischen *Midwest.* Voller Einwanderer, die in Wellen kamen: bis 1914 vor allem ungelernte Katholiken und Juden aus Süd- und Osteuropa, ab den 1940ern Hispanos, ab Mitte der 1960er schließlich Asiaten. Und dazu im Lauf der Jahrzehnte immer neue Schübe von Afroamerikanern, die von Süden gen Norden zogen, die »Great Migration«. Das Mit- oder Nebeneinander der unterschiedlichen Gruppen führte oft zu Reibereien, auch zu Unruhen; eine Krise der Industrie ließ in den 1950ern die Arbeitslosigkeit massiv ansteigen. Gut zwei Wochen vor der Geburt von Robert Francis Prevost, dem heutigen Papst, war ein 14 Jahre alter afroamerikanischer Teenager aus Chicago namens Emmett Louis Till in seinen Sommerferien in Mississippi brutal ermordet worden, aus rassistischen Motiven heraus, und der Fall wühlte in diesen Tagen das ganze Land auf und wurde zu einem Mitauslöser der Bürgerrechtsbewegung.

Einen Tag nach der Papstwahl von diesem 8. Mai 2025 steht John Joseph Prevost (71), der zweitälteste Bruder des Papstes, vor seinem Haus in New Lenox im Speckgürtel von Chicago und hält für die Journalisten, die ihn ununterbrochen heimsuchen, eine Ausgabe der »Chicago Sun Times« in die Höhe. Das Titelbild zeigt »Rob«, seinen kleinen Bruder, auf der mittleren Loggia des

Petersdoms. Sie sehen einander tatsächlich ähnlich, John Joseph und sein kleiner Bruder. »Wir sind zusammen jeden Sonntag zur Messe gegangen«, erzählt er. »Wir waren auch alle drei Messdiener.« Es sei eine »normale Kindheit« gewesen, »mit 13 Jahren ging er dann ins Seminar; aber wir telefonieren jeden Tag miteinander und reden über Familiendinge.«

Alle drei Brüder hätten schon von klein auf gewusst, was sie mal machen wollten. »Rob hatte die Berufung zum Priester, seit er laufen konnte. Er spielte Messefeiern, das Bügelbrett setzte er als Altar ein. Zum Kommunionausteilen nahm er Necco Wavers«, runde, bunte Kekse. Auch ein Anhänger der »White Sox« sei Rob schon in seiner Kindheit gewesen. »Wir dachten, dass sich das mit der Zeit geben würde, weil er ja viel durch die Welt reiste, aber nein – jedesmal, wenn er nach Hause kommt, fragt er sofort, wie die Saison gelaufen ist.« Dass der kleine Bruder einmal Papst werden würde, wäre John Joseph nicht im Traum eingefallen: »Wir glaubten schon, dass er für Großes bestimmt war, aber doch nicht so hoch.« Vor dem Konklave hätten sie einmal am Telefon über den Was-wäre-wenn-Fall gesprochen: »Ich habe ihm gesagt, dass er vielleicht der erste amerikanische Papst sein würde, aber er meinte, das sei eine Dummheit, so etwas würde nie im Leben passieren. Dann hat er mich aber gefragt, welchen Namen er annehmen sollte, falls das doch der Wille Gottes wäre. Ich habe ihm geraten, den Namen Leo zu meiden, denn da wäre er der Dreizehnte gewesen, und das bringt Unglück. Aber ich hatte mich verrechnet, er hatte da richtiger gezählt.« Er scheint nicht nur fromm, sondern auch ein bisschen abergläubisch zu sein, der Papstbruder. John Joseph ist, weil es ihrem Bruder Louis Martin, der in Florida lebt, »nicht so gut geht«, wider Willen zu einer Art Sprecher der Prevost-Familie geworden.

Der kleine Robert Francis besuchte die Schule seiner Pfarrei. Auf einem Klassenfoto von Ende 1962 sieht man ihn unter seinen Klassenkameraden. Der Siebenjährige trägt weißes Hemd und Krawatte. »Er war sehr gut in der Schule«, berichtet John Joseph, »und er spielte gern Fangen, Risiko und Monopoly.«

Das passt zu den Erinnerungen früherer Mitschüler: »Immer der Klügste in der Klasse« sei er gewesen, aber auch stets zu Scherzen aufgelegt. »Er hat mich ständig mit dem Bleistift in den Hinterkopf gepiekt«, behauptet Joseph Merigold. Und Marianne Angarola weiß noch: »Er konnte gut singen, hat sich um die Menschen gekümmert und das Gute im Leben gesucht.«

Nach der achten Klasse wechselte Robert Francis auf die *St Augustine Seminary High School*, ein kleines Gymnasium in Holland (Michigan), das von Augustinern geleitet wurde. Für alles begabt sei er gewesen, in allen Themen drin, »es fiel ihm leicht«, erzählt jemand, der damals eine Klasse über ihm war, »und er hat uns alle mitgezogen … Wenn du Probleme mit deinem Englischaufsatz hattest: Geh zu Prevost. Schwierigkeiten mit Mathe? Geh zu Prevost … Und Bob hat uns geholfen.« Fließend Französisch habe er gesprochen, habe sich im Schülerparlament, als Schulsprecher, im Büchereiverein und im »Missionsclub« engagiert, sei »eine bodenständige Persönlichkeit mit trockenem Witz«, aber zugleich »leise, zurückhaltend« gewesen.

Spätestens in *St Augustine*, das als eine Vorschule zum Eintritt in den Augustinerorden gedacht war, geriet er auch erstmals in näheren Kontakt mit dem Denken des Heiligen von Hippo. Doch übergangslos in den Orden gewechselt ist Prevost nicht; stattdessen ging er zunächst an die katholische Privatuniversität Villanova in der Nähe von Philadelphia, um dort Mathematik und Philosophie zu studieren. Bei John D. Caputo belegte er im Sommersemester 1977 den Kurs »Deutscher Existenzialismus und Phänomenologie«; »er ist also aufgrund seines Wissens über Kierkegaard, Nietzsche, Husserl und Heidegger bestens auf seine neue Aufgabe vorbereitet«, gibt sich der Professor heute überzeugt.

Erst nachdem er in beiden Fächern seinen Abschluss erlangt hatte, wandte sich Prevost mit 22 Jahren tatsächlich den Augustinern zu; das Noviziat der Ordensprovinz »Mutter des guten Rates« in Chicago nahm ihn auf. Im August 1981 legte er die feierlichen Gelübde ab (man spricht von der »Ewigen Profess«), studierte Theologie an der »Catholic Theological Union« in seiner Heimatstadt und wurde dann im Alter von 27 Jahren von seinem Orden nach Rom geschickt, um sich am »Angelicum« in Kirchenrecht zu spezialisieren. Das »Angelicum«, das eigentlich »Päpstliche Universität St. Thomas von Aquin« heißt, wird von Dominikanern geleitet und liegt fußläufig zum Forum Romanum und zum Kolosseum.

1982 empfing er durch einen aus Belgien stammenden Kurienerzbischof die Priesterweihe. Und er bekam die Gelegenheit zu einem Treffen mit Papst Johannes Paul II.; ein Foto zeigt, wie der schüchtern dreinblickende junge Kleriker, dessen Haare über der hohen Stirn schon ausdünnen, dem polnischen Kirchenoberhaupt die Hand gibt. 1987 promovierte Prevost mit einer kirchenrechtlichen Arbeit über »Die Rolle des Ortspriors im Orden des hl. Augustinus«.

Versuchen wir, hinter diese dürre Abfolge von Daten zu blicken, um etwas von der Spiritualität dieses jungen Amerikaners zu erahnen. Warum hat er sich fürs Priesteramt entschieden, sind ihm denn da keine Zweifel gekommen? Doch, Zweifel hatte er durchaus, wie Prevost später als Kardinal in einem seiner seltenen Interviews dem italienischen Fernsehen offenbarte; an einem bestimmten Punkt habe er eine gewisse Sehnsucht danach gespürt, zu heiraten und eine Familie zu gründen wie andere auch. »So, wie ich das ja in meiner eigenen Familie kannte.« Er habe darüber mit seinem Vater gesprochen, »und der hat mir von seiner eigenen Erfahrung erzählt. Wie wichtig etwa die Vertrautheit mit meiner Mutter für ihn war. Aber wie wichtig auch die Beziehung zu Jesus war – Jesus zu kennen. Auch wenn ich das vielleicht hundertmal von meinen Lehrern, von anderen Priestern gehört habe … Wenn mein Vater mir so etwas sagte, auf sehr menschliche, aber auch sehr tiefgründige Art, dann gab mir das einiges zu denken. Mein Vater war kein ›geistlicher Begleiter‹ (wie in einem Orden), aber man konnte mit ihm sehr konkret über seine Zweifel reden.«

In demselben Interview ließ sich der ansonsten immer so diskrete Kardinal Prevost auch entlocken, was ihn am Augustinerorden (*Ordo Sancti Augustini*, OSA) angezogen habe. Er habe einige Bekannte gehabt, die Augustiner gewesen seien, und ihm habe gefallen, welch hohen Stellenwert das Zusammenleben in dieser Gemeinschaft habe. Doch darf man wohl mit einigem Recht annehmen, dass ihm schon in seiner Zeit als Teenager im *St Augustine Seminary* überzeugende Vertreter dieser Gemeinschaft begegnet sind. Bei seinem ersten sonntäglichen Mittagsgebet als Papst am 11. Mai 2025 hat Leo XIV. betont, wie wichtig es ist, jungen Leuten bei der Suche nach ihrer Berufung zu helfen. Es sei tatsächlich so, wie der hl. Gregor der Große einmal gelehrt habe: »Die Menschen antworten auf die Liebe dessen, der sie liebt.« Es sei »wichtig, dass junge Männer und Frauen in unseren Gemeinden Annahme, ein offenes Ohr und Ermutigung auf ihrem Berufungsweg finden, und dass sie auf glaubwürdige Vorbilder hochherzigen und hingebungsvollen Dienstes an Gott und ihren Brüdern und Schwestern zählen können.« Klingt ganz so, als wäre der junge Robert Francis damals in Chicago solchen Vorbildern begegnet.

Nun ist der Augustinerorden zwar erst im 13. Jahrhundert entstanden und steht in einer Reihe mit anderen großen Bettelorden dieser Zeit; doch reichen seine Wurzeln tiefer als bei jenen, denn er folgt der Regel des schon mehrfach erwähnten Augustinus von Hippo und stellt sich damit theologisch und ideell ganz in die Tradition dieses frühen Kirchenvaters. Diese Gemeinschaft verfügt also über eine Leitfigur, deren Vita von einem abenteuerlichen Auf und Ab geprägt ist und die Menschen auch heute, erst recht junge Menschen, nachhaltig zu faszinieren vermag. Um es nur umrisshaft zu skizzieren: eine ausschweifende Jugend in der nordafrikanischen Provinz des Römischen Reichs, Vater heidnisch, Mutter christlich, Herumtreiberei mit einer Straßenbande, Studien in Karthago, viel Cicero, wenig Bibel; Frauengeschichten, Liebäugeln mit einer Sekte, Rhetoriklehrer in Rom und Mailand. Wegen einer Krise schmeißt er alles bisher Erreichte hin, macht ein mysteriöses, blitzartiges Bekehrungserlebnis durch, kehrt zurück nach Nordafrika, lebt in Armut, nutzt sein literarisches Genie zum Verfassen christlicher (Streit-)Schriften, wird Bischof, ist erschüttert über die Eroberung Roms durch die Westgoten und stirbt während der Belagerung seiner Stadt, des heutigen Annaba in Algerien, durch die Vandalen.

Man kann sich gut vorstellen, dass auch der junge Robert F. Prevost von der Persönlichkeit und Geschichte des Augustinus in Bann geschlagen wurde; einen Moment blitzte das auf, als er sich auf dem mittleren Balkon des Petersdoms als »Sohn des heiligen Augustinus« vorstellte. Schon sein deutscher Vorvorgänger Benedikt XVI. hatte in seinem Wappen eine Anspielung auf den Tausendsassa aus Hippo untergebracht und sprach in einem Interview 2006 davon, dass man über dessen Leben eigentlich einen Kinofilm drehen müsste.

Es sind vor allem Augustinus' »Confessiones«, seine »Bekenntnisse«, die in ihrem rhetorischen Schwung und ihrer inneren Ortlosigkeit und Gequältheit den postmodernen Menschen ganz eigentümlich ansprechen: »Geschaffen hast du uns auf dich hin, o Herr, und unruhig ist unser Herz, bis es Ruhe findet in dir.« Der Text, der sich im Ganzen wie ein atemlos herausgepresstes Loblied auf Gott angesichts der Irrungen und Wirrungen eines lyrischen Ichs liest, gilt als die Erfindung der Autobiografie.

Im Vergleich zu den »Bekenntnissen« überrascht die Regel des Zusammenlebens, die Augustinus verfasst hat und auf die sich außer der nach ihm benannten Ordensfamilie noch viele andere Gemeinschaften stützen, durch ihre Kürze. Da wird nicht alles im Detail geregelt, sondern vor allem das Ideal angepeilt; dafür reicht schon mal ein einziger Satz aus der Heiligen Schrift: »Sie hatten alles gemeinsam, und jedem wurde das zugeteilt, was er nötig hatte« (Apostelgeschichte 4,32.35). Für Augustinus ist nicht der

Gehorsam, sondern die Liebe das A und O des geschwisterlichen Zusammenlebens; er warnt vor Übertreibungen bei Bußübungen und beschwört den Zusammenhalt: »Streit solltet ihr eigentlich gar nicht haben oder möglichst schnell beenden.« »Euer Benehmen sei unauffällig«, ordnet er außerdem an, »legt Wert darauf, nicht durch Kleidung, sondern durch sittliche Haltung angenehm aufzufallen«. Das entscheidende Motto der Regel findet sich schon ganz am Anfang: »Das erste Ziel eures gemeinschaftlichen Lebens ist, in Eintracht zusammenzuwohnen und ein Herz und eine Seele auf Gott hin zu sein.« Hier ist sie, die geistige Heimat unseres neuen Papstes, der wie einst Augustinus als Pendler zwischen den Kontinenten gelebt hat. Und der vielleicht gerade deshalb die Gemeinschaft mit glaubenden Menschen so schätzt.

4
Mit Gummistiefeln und zu Pferd

Robert Prevost als Missionar

Augustinus von Hippo war 32 Jahre alt, als er das Bekehrungserlebnis hatte, welches sein Leben veränderte. Robert Francis Prevost war ungefähr 30 Jahre alt, als er eine neue, nein: *die* neue Welt für sich entdeckte. Seine zweite Heimat, Peru.

Sein Orden schickte ihn 1985 in die Mission nach Chulucanas in Piura, im Norden des Andenlandes; dort warf er sich in die Seelsorge, auch wenn er noch weiter an seiner römischen Doktorarbeit schreiben musste. Sein Spanisch war passabel, ein Erbe der Mutter, von daher war er gleich einsetzbar. Übrigens hatte er schon im Alter von fünf Jahren von Peru geträumt, denn ein Onkel, der dort arbeitete, hatte dem Jungen eine bunte Wollmütze aus den Anden zum Geschenk gemacht. »Meine peruanische Ausbildung begann in einem sehr zarten Alter«, sollte Prevost deswegen einmal scherzen. Nach dem Zweiten Vatikanischen Konzil (1962–1965) hatten die Augustiner von den USA aus eine Präsenz in Peru aufgebaut; Padre Prevost wirkte als Pfarrvikar in einer armen Pfarrei und fungierte gleichzeitig als Sekretär des Ortsbischofs. Heute hat Leo XIV. in Chulucanas immer noch ein Patenkind, das Mildred heißt wie seine Mutter. Sie ist die Tochter eines seiner früheren Messdiener, der ihn damals darum gebeten hatte, die Patenschaft für das Mädchen zu übernehmen: »Und er hat sofort eingewilligt, auch wenn das nicht üblich war, dass Priester als Taufpaten auftreten. Er schreibt mir immer noch und schickt mir Geschenke«, sagt sie.

Nach zwei Jahren im Norden Perus ein Intermezzo. Prevost musste seine kanonistische Doktorarbeit in Rom verteidigen und wurde dann von seinem Orden zum Verantwortlichen für Berufungen und Mission in seiner Augustinerprovinz »Mutter des guten Rates« in Olympia Fields ernannt – eine Rückkehr in seinen Heimat-Bundesstaat Illinois, in die Nähe der Familie. Dort hielt es ihn aber nicht lange, schon 1988 war er wieder in Peru, und zwar in Trujillo an der Nordküste, nach Lima die dynamischste Metropole im Land. Hitze das ganze Jahr über, eine Altstadt voller Paläste und Kirchen aus der Kolonialzeit, Heimat mehrerer präkolumbianischer Kulturen. Hier hat ihn Ramiro Castillo kennengelernt, der damals Priesteramtskandidat war und heute als Seelsorger in Chulucanas arbeitet. Castillo erzählt davon, wie Prevost damals zahlreiche Messen unter freiem Himmel hielt, wie er im Gebirge Dörfer besuchte, die sich nur zu Pferd und dann weiter zu Fuß erreichen ließen, und wie er nicht selten auf einem Strohlager übernachtete, das ihm Bauern zurechtgemacht hatten.

Elf Jahre lang blieb Prevost in Trujillo, von 1988 bis 1999, und übernahm nacheinander oder auch gleichzeitig ein ganzes Bündel von Aufgaben. Leiter des gemeinsamen Ausbildungsprojekts für Augustiner-Aspiranten aus den Vikariaten Chulucanas, Iquitos und Apurímac. Prior der Gemeinschaft, Ausbildungsleiter, Lehrer der Professen. Außerdem für das Erzbistum Trujillo Gerichtsvikar und Professor für Kirchenrecht, Patristik und Moral im Großen

Seminar *San Carlos y San Marcelo*. Zusätzlich Seelsorger in einer Pfarrei in einem armen Randbezirk der Stadt und Administrator einer weiteren Pfarrei. Castillo will Jahre später zu Prevost gesagt haben: »Du wirst nie Bischof werden, weil du kein Peruaner bist!« Darauf habe dieser geantwortet: »Wer sagt denn, dass ich kein Peruaner werde?«

Eigentlich habe er »ein bisschen Angst« vor Prevost gehabt, beichtet Padre Castillo in einem Gespräch mit der Tageszeitung »La Stampa«. Der sei zwar »freundlich und geradeheraus gewesen, aber unerbittlich, wenn es um unsere Studien ging«. Er habe befürchtet, Prevost werde ihn irgendwann einmal »davonjagen«. Stattdessen entwickelte sich zwischen den beiden Kirchenmännern eine Freundschaft, die bis heute hält. »Er war ja auch unser Fahrer, nicht nur unser Professor; er holte uns in einem Schrottauto ab und fuhr uns zum Unterricht.« Und fast sofort habe man auch mit dem Missionieren im Gebirge, in entlegenen Weilern angefangen. »Robustes Schuhwerk, Rucksack, einige Strecken zu Pferd, aber vor allem Stunden um Stunden zu Fuß, bergauf.« Kein Talar, meistens, sondern T-Shirt und umgehängte Gitarre. Die von der Außenwelt weitgehend isolierten Menschen seien jedesmal außer sich gewesen vor Freude über den Besuch. »Wir haben dort einen tiefen Glauben vorgefunden, und eine Gastfreundschaft ohne Grenzen. Gefährlich waren höchstens die Steine unterwegs, und vielleicht wilde Tiere, aber niemand hat uns jemals abgewiesen oder bedroht«, so Castillo. Dabei bewegten sich der Padre aus Chicago und seine Schüler hier nicht nur in unwegsamem Gelände; es war auch eine turbulente Zeit für Peru, geprägt von einer Wirtschaftskrise, vom Terrorismus des

Vor der Kathedrale von Chiclayo feiern Menschen
die Wahl ihres früheren Bischofs zum Papst.

»Leuchtenden Pfads«, von der ins Autoritäre abdriftenden Präsidentschaft eines Alberto Fujimori.

»Damals hatten die meisten Dörfer noch keinen Strom; die Osternacht am Karsamstag begann schon am Nachmittag, damit wir etwas sehen konnten. Bei uns ist dann gerade Regenzeit. Ich erinnere mich, dass wir einmal mitten in einem Wolkenbruch zu einem Dorf kamen. Dann zündete Pater Prevost ein Feuer in der Mitte einer Lichtung an und begann mit dem Gebet. Es war wunderschön …«

Aber den geistlichen Herren aus Trujillo ging es bei ihren Bergtouren nicht in erster Linie um Romantik. Zu ihren Zielen gehörte es unter anderem, die Menschen in den armen Regionen dazu zu bewegen, ihre Kinder in die Schule zu schicken. »Unsere Gebiete sind seit einiger Zeit von dem Wetterphänomen El Niño betroffen«, erklärt Castillo, »und das macht es den Bauern schwer. Prevost hat verstanden, dass der Klimawandel eine Bedrohung für die Armen darstellt und dass ein Abschluss ihnen die Möglichkeit geben würde, sich zu emanzipieren.«

Und wieder ein Intermezzo, diesmal sogar 15 Jahre lang. Prevost kehrte 1999 zurück nach Chicago, weil ihn seine dortige Ordensprovinz »Mutter des guten Rates« zum Provinzial gewählt hatte. Zweieinhalb Jahre später wählte ihn dann das Generalkapitel der Augustiner zum Generalprior, also zum weltweiten Ordensoberen, und daher zog der Mann, der vor ein paar Jahren noch auf dem Pferd durch das peruanische Gebirge geritten war, nach Rom in die *Curia Generalizia* seines Ordens um, die in unmittelbarer Nachbarschaft des Petersplatzes liegt, um die Leitung einer Gemeinschaft zu übernehmen, der (Stand heute) über

2500 Männer, Priester wie Nichtpriester, angehören und die in vielen Teilen der Welt tätig ist, vor allem in der Seelsorge und an Schulen. Seine kirchenrechtliche Expertise und seine lateinamerikanische Erfahrung kamen ihm im neuen Amt sicher zugute; zugleich konnte er wertvolle Leitungserfahrung sammeln, von der er auch im Petrusdienst profitieren wird. Ein Ordensoberer reist sehr viel häufiger als ein Papst und lernt die Weltkirche kennen wie seine Westentasche. Zugleich kann er nicht einfach durchregieren; gerade die Augustiner sind sehr auf den Respekt vor der Individualität der einzelnen Ordensmitglieder bedacht und auf das gute, in vielen Elementen demokratisch geregelte Zusammenleben; die Brüder haben dieselben Rechte, auch Stimmrechte, wie die Priester und können jedes Amt im Orden übernehmen.

Einen Eindruck vom Wirken Prevosts an der Spitze der Augustiner gab nach der Papstwahl Emilio Aranguren Echeverría, ein kubanischer Geistlicher, in einem Interview mit Radio Vatikan. Er habe 2005 den Kardinal von Havanna nach Rom begleitet und sie hätten bei den Augustinern in der Via Paolo VI 25 gewohnt. »Dort habe ich den Generalprior Prevost kennengelernt, wir haben mehrmals mit ihm beim Essen zusammengesessen. Ich habe ihn damals gebeten, doch wieder eine Präsenz von Augustinern auf Kuba aufzubauen; es gab dort seit langem keine mehr. Und zwei Jahre später kamen die Augustiner tatsächlich zurück. Die Begegnung hatte also Früchte getragen.«

Auch der deutsche Augustiner-Provinzial Lukas Schmidkunz hat den diskreten Padre Prevost damals kennengelernt. »Er ist ein sehr angenehmer und umgänglicher Mann«, urteilte er nach der Papstwahl seines Mitbruders gegenüber dem Internetportal »katholisch.de«. »Man kann mit ihm auch gut abends zusammensitzen, er ist sehr humorvoll.« Prevost habe an den Provinzkapiteln teilgenommen und immer wieder die Klöster und Konvente des Ordens in Deutschland besucht. »Da ist er nie als einer aufgetreten, der jetzt der Obere ist und Ansagen macht, was Sache ist. Er ist ein Mensch, der zuhört, der hinschaut und Interesse an den Menschen um ihn herum hat.« Schmidkunz hat den heutigen Papst einmal durch eine Familienbildungsstätte des Ordens im Bistum Hildesheim geführt. »Da habe ich gemerkt, wie aufmerksam und interessiert er an unserer Arbeit und unserem Zusammenleben war. Sein Auftreten ist bescheiden. Er plaudert nicht einfach los, und wenn er etwas sagt, dann tut er das überlegt und fundiert.«

Den Begriff »Visitation« für seine Besuche mochte Prevost nicht, wie sich der Provinzial erinnert. »Ihm war es wichtig, die Brüder kennenzulernen.« Prevost habe wissen wollen: »Wie wird hier Gemeinschaft gelebt? Wie lebt ihr Augustiner vor Ort miteinander?« Ihm sei es sehr wichtig gewesen, dass jeder Konvent aus mindestens drei Mitbrüdern bestehe, besser noch aus vieren. »Gerade in den kleineren Provinzen ist die Versuchung groß, auch einmal einen allein irgendwo hinzuschicken, um etwas aufzubauen, oder einen übrig zu lassen, wo sonst etwas zu Ende geht. Dieses Einzelkämpfertum hat er nicht gewollt.«

Sein Amt brachte es mit sich, dass er viel durch die Welt reiste, um Mitglieder seines Ordens zu besuchen: »Drei Viertel des Jahres war er unterwegs«, schätzt der Wiener Augustinerprior Dominic Sadrawetz. In Asien verschlug es ihn besonders häufig auf die Philippinen, wo Augustiner bereits seit dem 16. Jahrhundert tätig sind; in Australien und Kanada war er mindestens zweimal;

in Afrika waren Nigeria und Tansania seine Schwerpunkte, in Lateinamerika Mexiko. Immer wieder tauchte Prevost auch an den Wirkungsstätten des Ordens in Europa auf, darunter in Deutschland und Österreich. »Sogar die entlegensten Niederlassungen wie etwa jene im Bayerischen Wald kennt er gut.« Sadrawetz erinnert sich, dass der Ordenschef in der Regel mit einem Auto vorfuhr – »da konnte er gleich auch das Land kennenlernen«.

Wenn sich »Father Bob« in Rom aufhielt, brauchte er nur die Straße zu überqueren, um in den Vatikan zu kommen; selbst die Jesuiten waren nicht so nah dran am Petersdom wie der Generalprior der Augustiner. Er wird ganz gute Einblicke in die Sacri Palazzi gewonnen haben in diesen Jahren, und es waren bewegte Jahre: Der Tod Johannes Pauls II. 2005, die Wahl des Deutschen Joseph Ratzinger zum Papst, das bayerische Pontifikat mit seinen Höhen und Tiefen (Prevost wurde 2007 für eine zweite Amtszeit wiedergewählt und hat das alles also miterlebt), und dann der Rücktritt Benedikts XVI. 2013, der wie ein Blitz in Rom und der universalen Kirche einschlug, und die präzedenzlose Wahl eines lateinamerikanischen Papstes. Ein Video, das im Internet kursiert, zeigt Prevost im Jahr 2007 mit Benedikt XVI. bei dessen Besuch im norditalienischen Pavia, wohin die sterblichen Überreste des hl. Augustinus im 8. Jahrhundert in Sicherheit gebracht worden waren. Der Augustiner im schwarzen Habit seines Ordens huscht neben dem Papst her, zeigt ihm dies und das, blättert mit ihm durch ein Buch, seine Miene ist sehr freundlich, die Haare sind schon grau geworden.

»Er ist immer ein Suchender geblieben«, predigte Benedikt in Pavia über Augustinus. »Er war nie einfach zufrieden mit dem Leben, wie es nun einmal ist und wie alle anderen es auch leben. Er war immer von der Frage nach der Wahrheit getrieben. Er wollte die Wahrheit finden. Herausbringen, was der Mensch ist; woher die Welt kommt; woher wir selber kommen, wohin wir gehen und wie wir das wirkliche Leben finden.«

Ende August 2013 begann in Rom das Generalkapitel, auf dem der Orden einen Nachfolger für Padre Prevost finden wollte. Zu diesem Anlass feierte der damals neue Papst Franziskus mit den Teilnehmern eine Messe in der römischen Innenstadtkirche Sant'Agostino, und auch der Argentinier fand eindringliche Worte, um die innere Ruhelosigkeit zu beschreiben, die Augustinus charakterisiert habe und die nach seinem Dafürhalten auch den Christen heute zu eigen sein sollte: »Blicke in die Tiefe deines Herzens, blicke in dein Inneres und frage dich: Hast du ein Herz, das etwas Großes will, oder ein Herz, das von den Dingen eingeschläfert ist? Hat dein Herz die Ruhelosigkeit der Suche bewahrt oder hast du zugelassen, dass es von den Dingen erstickt wird, die es letztlich schrumpfen lassen? Gott wartet auf dich, er sucht dich: Was antwortest du ihm?«

Bald nach dem Generalkapitel, das einen neuen Generalprior bestimmt hatte, kehrte Prevost, nein, nicht nach Peru, sondern in seine Heimatprovinz Chicago zurück, unter anderem als Ausbildungsleiter. Ein *dead end.* »Eine Dimension meines Lebens besteht darin, einfach immer Ja zu sagen, wenn ich um einen Dienst gebeten werde«, hat er später einmal in einem Interview mit den vatikanischen Medien geäußert. Und wenn er nicht gebeten wurde, ging er eben zurück auf Anfang.

Allerdings hatte der neue Papst aus Buenos Aires ein Auge auf den smarten Panamerikaner geworfen. Franziskus war Jesuit, hatte selbst einmal die argentinische Provinz seines Ordens geleitet und war danach innerhalb seines Ordens in der Versenkung verschwunden, aus der ihn erst eine unerwartete Ernennung zum Bischof erlöste. Eine ähnliche Überraschung bereitete der Papst nun dem Padre Prevost; er ernannte ihn im November 2014 zum Apostolischen Administrator des Bistums Chiclayo. Das war, ganz unverhofft, die Rückkehr in die zweite Heimat Peru. Am 12. Dezember, dem Fest der Muttergottes von Guadalupe, wurde Prevost in der Kathedrale seiner Diözese zum Bischof geweiht; ein knappes Jahr später war er dann auch offiziell Bischof der Stadt. Und erhielt die peruanische Staatsbürgerschaft, zusätzlich zu seinem amerikanischen Pass.

Dass Franziskus sich als Förderer von Padre Prevost erwies, kam für diesen übrigens überraschend, denn sie kannten sich schon länger und waren »nicht immer einer Meinung« gewesen, wie der Amerikaner im Jahr 2023 einmal in einer Predigt zugab. Als Bergoglio Papst geworden sei, habe er, Prevost, zu seinen Ordensbrüdern gesagt: »Gott sei Dank werde ich nie Bischof sein.« Nach der Messfeier in Rom, von der oben schon die Rede war, habe Franziskus zu ihm gesagt: »Jetzt ruh dich aus«, und natürlich nahm Prevost so eine Äußerung nicht gerade als Hinweis, dass der Papst ihn bald in die Pflicht nehmen würde. Eher im Gegenteil. Doch er war natürlich glücklich über seine Rückkehr nach Peru; das sei »eines der größten Geschenke«, die der Herr ihm gemacht habe, und »ein großer Schatz«. Über die Papstbemerkung ihm gegenüber scherzte er rückblickend: »Ich weiß nicht, wann der Teil mit dem Ausruhen kommt …«

Bischof Robert Prevost im August 2018 in einer Messe
in Motupe, Peru.

»In Illo uno unum«: Das war das bischöfliche Motto Prevosts, und er hat es auch als Papst beibehalten. »In dem Einen sind wir eins.« Natürlich ist das ein Zitat des hl. Augustinus, es entstammt einer Predigt über Psalm 127 und streicht heraus, dass »wir Christen zwar viele, aber in dem einen Christus eins sind«. Interessant, diese Betonung der Einheit gerade bei Prevost / Leo, diesem Wanderer zwischen den Welten. Auch das Wappen, das sich Prevost als Bischof zusammenstellte, hat er als Papst beibehalten. Ein zweigeteiltes Wappenschild: Im linken Feld ist auf blauem Grund eine silberne Lilie zu sehen, ein Symbol der Marienverehrung. Das rechte Feld hingegen zeigt das Emblem des Augustinerordens, nämlich ein brennendes, von einem Pfeil durchbohrtes Herz. »Mit deiner Liebe hast du mein Herz durchbohrt«, heißt das entsprechende Zitat aus den »Bekenntnissen«. Unter dem Herzen ist ein offenes Buch zu sehen, welches sowohl für die Heilige Schrift als auch für die Werke des nordafrikanischen Heiligen steht.

Chiclayo ist wie Trujillo eine Küstenstadt im Norden, aber nicht ganz so groß und prominent. Prevost wird Hausherr in einer gelb angestrichenen Kathedrale, für die Gustave Eiffel die Pläne gezeichnet haben soll; man sieht's ihr allerdings nicht an. »Der trifft in Chiclayo ein, und das hat mich sofort frappiert«, sagt José Luis Pérez Guadalupe, damals der Innenminister, der sich mit Prevosts Antrag auf Einbürgerung beschäftigen musste. »Er hatte so ein bisschen die Art von Papst Franziskus. Die Stadt war jahrzehntelang eine Diözese des Opus Dei gewesen, und da kommt dieser Augustinerbischof, ein ehrlicher, liebenswürdiger Mensch, überhaupt nicht protokollarisch oder steif.« Prevost habe ihm damals gesagt, dass er besorgt über die Abwanderung

Seit Benedikt XVI. (2005) zeigt das päpstliche Wappen neben den Schlüsseln des hl. Petrus nicht mehr die Tiara, die dreifache Papstkrone, sondern die Mitra des Bischofs von Rom.

von Katholiken zu freikirchlichen Gruppen sei. »Er meinte: Die gehen weg, weil sich keiner um sie kümmert.« Dagegen setzte der neue Bischof auf Nähe – was keine leichte Aufgabe war in einem Bistum, das sich auf einer riesigen Fläche vom Ozean bis zu den Anden erstreckt und in dem auf eine Million Menschen keine 100 Diözesanpriester kommen.

»Ein guter Seelsorger zu sein, bedeutet, das Volk Gottes begleiten zu können und in seiner Nähe zu leben, nicht isoliert zu sein«, wird Prevost später in einem Interview ausführen, das auf der Internetseite seines Ordens publiziert wird. »Das hat Papst Franziskus schon oft deutlich gesagt. Er will keine Bischöfe, die in Palästen leben.« Natürlich müsse ein Bischof über eine Reihe von Fähigkeiten verfügen, auch in Sachen Verwaltung und Menschenführung. »Aber wenn ich eine Eigenschaft vor allen anderen hervorheben müsste, dann ist es die, dass er Jesus Christus verkünden und den Glauben so leben muss, dass die Gläubigen in seinem Zeugnis einen Anreiz sehen, sich immer aktiver in die Kirche einzubringen.« Der Mann, der an seinem eigenen Orden vor allem das Zusammenleben gläubiger Menschen schätzt, träumt von der Teilhabe aller Getauften.

Cesar Piscoya ist ein Familienvater, der heute für den lateinamerikanischen Bischofsrat CELAM arbeitet; damals in Chiclayo machte ihn Prevost zu seinem Seelsorge-Beauftragten. »Er gab mir am Anfang zwei grundlegende Dinge mit auf den Weg, nämlich: Cesar, wir müssen eng zusammenarbeiten. Und zweitens: Cesar, es ist wichtig, dass unsere Leute, unsere Gemeinschaft, unser Bistum verstehen, dass es wichtig ist, dass wir uns in die Verantwortung teilen. Er meinte auch: Vergiss nicht das Konzil –

wir brauchen einen Prozess der Erneuerung und Evangelisierung in unserem Bistum. Er vertraute mir also das Missions-Dossier an.« Und das sei keine leichte Aufgabe gewesen, so der Laie in einem Interview mit Radio Vatikan. »Er kannte ja den Kontext der Diözese, er wusste, dass das schwierig werden konnte, denn das war ein klerikaler Kontext. Chiclayo hatte 60 Jahre Präsenz des Opus Dei hinter sich«, in diesem Zeitraum seien das soziale wie das missionarische Element ein wenig aus dem Fokus geraten. »Bischof Prevost verstand also, dass das unsere Herausforderung war, und hat mich von Anfang an unterstützt.«

Piscoya berichtet, wie er mit Prevosts Hilfe Seelsorge-Teams aus Laien in den Pfarreien und auf Bistumsebene aufgebaut habe. Diese hätten gemeinsam mit dem Pfarrer beziehungsweise dem Bischof Entscheidungen getroffen, »und Bischof Roberto hat dafür gesorgt, dass da immer auch Frauen mit von der Partie waren«. Wie er sich überhaupt sehr um das Vorankommen von Frauen bemüht habe. »Zum Beispiel war in seiner Bischofszeit eine Frau Leiterin der Caritas, und eine weitere Frau Rektorin der Katholischen Universität.« Den Führungsstil des Augustinerbischofs charakterisiert Piscoya mit einem einzigen Wort: Dialog. »Er traf sich mit dem Priesterrat und unterhielt sich viel mit seinen Priestern; mit unseren Laienteams zusammen evaluierte er die pastorale Arbeit. Er ist sehr horizontal – immer erst Dialog und Zuhören, bevor er eine Entscheidung trifft.« Auch bei Piscoya hat sich über die Jahre eine Freundschaft mit Prevost entwickelt. »Er ist nahbar, er will dein Freund sein. Er weint und lacht und träumt mit dir, er teilt auch deine Verzweiflung mit dir. Er ist jemand, der wissen will, was du fühlst.«

Seine größte Stärke? »Die Vorsicht«, urteilt Piscoya, und das kommt ein bisschen überraschend. Doch Piscoya schiebt gleich hinterher: »Er hat ein starkes Temperament; wenn er etwas anpackt, dann zieht er das durch. Aber er ist auch sehr sensibel. Das hat man, glaube ich, gesehen, als er als neuer Papst zum ersten Mal die Menge grüßte. Da wäre er fast in Tränen ausgebrochen. Er ist sehr emotional …« Auch für die Menschen in Chiclayo sei die Nachricht von Prevosts Papstwahl eine »überwältigende Emotion« gewesen, sie seien sofort rausgelaufen auf den Vorhof der Kathedrale. »Das ist ein kleines, leidendes Volk. Aber groß in seiner Zuneigung und seiner Freundschaft.«

In den Stunden und Tagen nach dem Aufstieg ihres früheren Bischofs zum Papst in Rom erzählen viele Menschen in Chiclayo, wie sie ihn erlebt haben. »Er hat mit uns nicht nur die Eucharistie geteilt, sondern auch unser Leibgericht Ziege mit Reis«, sagt ein Lokaljournalist. »Und er hat sich immer sehr für das Thema Migranten interessiert und viel für sie getan.« Der früheren Caritaschefin steht in erster Linie noch die Zeit der Covid-Pandemie vor Augen, die in Peru Tausende von Menschenleben gefordert hat. »Er lancierte eine Solidaritätskampagne namens ›Sauerstoff der Hoffnung‹, er mobilisierte die ganze Region, um Hilfen zusammenzubekommen, er stiftete zwei Sauerstoffgeräte, um Menschenleben zu retten.« Und während der Überschwemmungskatastrophe 2023 habe sich Prevost Helm und Gummistiefel angezogen und »bei den freiwilligen Helfern mit angepackt«. Auch als Bischof soll er immer wieder zu Pferd unterwegs gewesen sein, um die Abgelegenen zu erreichen, und »Weniger reden, mehr tun«, das scheint eines seiner Mantras gewesen zu sein.

Bischof Robert Prevost von Chiclayo im Juli 2019 bei der Einweihung eines Solidaritätszentrums für venezolanische Migranten in Peru.

Allerdings lastet auf Prevosts Wirken im Norden Perus auch ein Schatten. Drei Frauen werfen ihm vor, in seiner Zeit als Diözesanbischof nicht ordnungsgemäß auf ihre Anschuldigungen gegen zwei Priester reagiert zu haben, die sexuell übergriffig geworden seien. Das Bistum antwortete mit einer ausführlichen Erklärung, die Prevost reinzuwaschen schien. Und da ist ja auch noch dieser böse Verdacht: Steckt etwa hinter den Vorwürfen gegen den früheren Bischof von Chiclayo in Wirklichkeit die rechtsgerichtete katholische Gemeinschaft »Sodalität des christlichen Lebens«? Eine Gemeinschaft, die vom heutigen Papst seinerzeit in Peru entschieden bekämpft wurde und die wegen Machtmissbrauchs und Fällen sexueller Gewalt erst im Januar 2025 vom Vatikan aufgelöst worden ist. Der deutsche Jesuit Hans Zollner, der das Phänomen der Missbrauchsskandale in der Kirche durchleuchtet hat wie kaum ein Zweiter, kann sich gut vorstellen, dass die Vorwürfe gegen Prevost eine Rachekampagne der »Sodalität« sind. Zollner hat Prevost als einen entschlossenen Kämpfer gegen Missbrauch in Erinnerung – »ohne zu sagen, dass alles perfekt gewesen sei«.

Im März 2018 wurde Prevost zum zweiten Vizepräsidenten der peruanischen Bischofskonferenz gewählt; er war auch Mitglied des Wirtschaftsrates sowie Vorsitzender der Kultur- und Bildungs-Kommission. »Wenn man mich fragt, ob er ein Gringo-Priester war, dann ist die Antwort Nein«, beteuert Guillermo Inca Pereda, der als Generalsekretär der Bischofskonferenz jedesmal eng mit Prevost zusammengearbeitet hat, wenn dieser nach Lima kam. »Der war kein Gringo, er fühlte sich nicht anders als alle anderen.« Vielleicht sei Prevost ja »in der Kommunikation weniger impulsiv« als sein Vorgänger im Papstamt, Franziskus, »aber beide haben eine lateinamerikanische Seele«. Übrigens habe man den Bischof von Chiclayo jederzeit erreichen können, wenn es irgendetwas Wichtiges gab, »auch abends um elf, er war immer disponibel und antwortete jedesmal mit absoluter Klarheit«. Danach habe man dann »beruhigt ins Bett gehen können«.

Rom jedoch schlief nicht. Papst Franziskus mit seiner lateinamerikanischen Seele behielt diesen Augustiner aus Chicago, der sich auf so wundersame Weise in einen Peruaner verwandelt hatte, weiter im Auge. 2019 ernannte er ihn zum Mitglied der Kongregation für den Klerus und 2020 zum Mitglied der Kongregation für die Bischöfe. Im April desselben Jahres bestellte er ihn außerdem für eine Übergangszeit zum Apostolischen Administrator des Bistums Callao. Und im Januar 2023 – das war der entscheidende Schritt, der Prevost erstmals einer breiteren weltkirchlichen Öffentlichkeit bekanntmachte – holte er ihn ganz zu sich nach Rom. Als Präfekten der Vatikanbehörde, die für die Auswahl von Bischöfen zuständig ist (was früher »Kongregation« hieß, nennt sich seit einer Kurienreform »Dikasterium« für die Bischöfe), und als Präsidenten der Päpstlichen Kommission für Lateinamerika.

Damit war das peruanische Abenteuer vorüber. Prevost wurde zum Kurialen, konnte aber bald schon die peruanischen Farben Rot und Weiß am eigenen Leib tragen, denn im September machte ihn Franziskus zum Kardinal. Mit einer Titelkirche, die eng mit der Geschichte des hl. Augustinus verbunden ist: Santa Monica. Das ist die Mutter des Heiligen, die auch in seinen wilden Jahren nie an ihm verzweifelt ist. Eigentlich hatte »Father Bob« damit auf einen Schlag alles erreicht, was man im Vatikan

Gruß an die Gemeinde St. Martin in Staufen im deutschen Partnerbistum Freiburg anlässlich der Verabschiedung als Bischof von Chiclayo 2023.

erreichen kann. Doch sein großer Förderer, der Papst, der ihn auch als Mitglied in eine Reihe anderer vatikanischer Dikasterien berief, war's noch nicht zufrieden und justierte in einem Detail nach. Ursprünglich hatte er Prevost in den Stand der Kardinaldiakone eingeordnet, aber das änderte er später, und so stieg der Amerikaner noch im Februar 2025 zum Kardinalbischof auf. Das sind Feinheiten, gewiss. Aber solche Feinheiten zählen etwas in den heiligen Hallen des Vatikans. Als Kardinalbischof wurde ihm eine andere Titelkirche zugeordnet: der Dom von Albano unweit von Castelgandolfo, der früheren Sommerfrische der Päpste.

Damit saß Prevost nun an einem wichtigen Schalthebel der Weltkirche: In seinem Dikasterium wird an den Karrieren künftiger Kirchenführer gebastelt, in diesem Labor entsteht die Kirche von morgen. Es gilt, die Dossiers und Infos durchzusehen und zu bewerten, die päpstliche Botschafter, sogenannte Nuntien, in aller Welt über mögliche Bischofskandidaten sammeln. Herauszufinden, wie diese Kandidaten ticken; Karrieristen oder zweifelhaften Persönlichkeiten den Weg nach oben zu verbauen; die Geradlinigen herauszusuchen, denen man Leitungsaufgaben übertragen kann. Es war klar, dass Papst Bergoglio durch Prevosts Ernennung das Kriterium des Missionarischen bei Bischofsernennungen stärker gewichtet sehen wollte. Das Bischofsdikasterium hat aber noch eine zweite, heikle Aufgabe; es soll kontrollieren, dass die Bistümer in aller Welt die Normen zum Kampf gegen Missbrauch einhalten. Das führte dazu, dass Prevost auch an mehreren vertraulichen Gesprächen teilnahm, die Kurienleute mit Vertretern der deutschen Bischofskonferenz über das Reformprojekt »Synodaler Weg« führten. Auch bei diesen

Gelegenheiten fiel er nicht als Scharfmacher auf, sondern als klug argumentierender Zuhörer.

Einmal in der Woche hatte der Kardinal die Gelegenheit zu einer Audienz beim Papst – immer samstags. »Er sagte mir am Ende der Audienz gern: ›Verliere nicht deinen Sinn für Humor, du musst lächeln‹«, erzählte Prevost bei einem Gespräch mit »Vatican News«. Und oft habe Franziskus gefragt: »Wie geht es dir? Wie laufen die Dinge so?« Durch seine frühere Arbeit als Generalprior der Augustiner fühlte sich Prevost ganz gut auf seine neue Rolle im Vatikan vorbereitet; es gehe darum, dass man verstehe, aus wie vielen Facetten die Weltkirche bestehe. »Es gibt viele verschiedene Kulturen, viele verschiedene Sprachen, viele verschiedene Umstände in der Welt, auf die die Kirche reagiert. Wenn wir also unsere Prioritäten auflisten und die Herausforderungen, vor denen wir stehen, bewerten, müssen wir uns bewusst sein, dass die Dringlichkeiten in Italien, Spanien, den Vereinigten Staaten, Peru oder China höchstwahrscheinlich nicht dieselben sind.« Eines allerdings sei sehr wohl überall gleich: »die grundlegende Herausforderung, die Christus uns hinterlassen hat, nämlich das Evangelium zu verkünden. Und dieses Evangelium ist überall dasselbe.« Um dieses eine und einzige Evangelium aber in die verschiedenen Kontexte auf der Welt hineinzutragen, sei es nun einmal nötig, »den großen Reichtum der Vielfalt des Volkes Gottes anzuerkennen. Weil uns das sensibler dafür macht, die Menschen zu erreichen und besser auf das zu reagieren, was von uns erwartet wird.«

Als wichtiger Vatikanpräfekt nahm Prevost an mehreren Reisen von Papst Franziskus teil. Und auch an den Vollversammlungen zur Weltsynode (es gab zwei davon, jeweils im Herbst 2023 und 2024), mit denen Franziskus das Prinzip der »Synodalität« in die DNA der katholischen Kirche einzusetzen versuchte.

Am Abend des 3. März 2025 leitete Prevost auf dem Petersplatz ein Rosenkranzgebet für den Papst: Denn dieser war schwer erkrankt. Er lag in der Gemelli-Klinik am Stadtrand Roms und kämpfte um sein Leben.

5
Der letzte Segen des Franziskus

Das unvollendete Pontifikat

Und dann kam der Ostersonntag 2025 – herrliches Wetter, die Stadt Rom voll von Touristen und Pilgern. Von der Loggia des Petersdoms aus erteilte Papst Franziskus, in einem Rollstuhl sitzend, seinen Segen »Urbi et orbi«. Er tat es mit letzter Kraft, mit versagender Stimme – aber er hatte es geschafft, er war wieder da. Kurz zuvor erst hatten die Ärzte den argentinischen Papst aus der Gemelli-Klinik entlassen, in der er 38 Tage lang einer schweren Atemwegserkrankung wegen behandelt worden war, und eigentlich sollte er sich noch schonen. Doch dem 88-Jährigen lag an dem traditionellen Segenstermin, ja, er fuhr anschließend sogar noch im offenen Papamobil durch die Reihen der Menschen auf der Piazza. Angestrengt sah er aus dabei, das schon. Aber auch zufrieden damit, dass ihm dieses Comeback geglückt war. Das Pontifikat des fußballbegeisterten Argentiniers war – auf diese Formel hatte es eine Nachrichtenagentur gebracht – »in die Nachspielzeit« gegangen. »Danke, dass ihr mich auf den Platz zurückgebracht habt«, sagte Papa Francesco, als er wieder in seiner Vatikanresidenz *Santa Marta* war, zu seinem Krankenpfleger.

Etwa 20 Stunden später war er tot: Hirnschlag. Ganz schnell war das gegangen, und einigermaßen überraschend nach den Petersplatz-Bildern vom Vortag. Viele, die am Sonntag den Segen

»Urbi et orbi« persönlich miterlebt oder am Bildschirm verfolgt hatten, mochten die Todesnachricht am Montag, dem 21. April 2025, dem zweiten Ostertag, erst gar nicht glauben.

Es war der Schlussakkord eines ungewöhnlichen Pontifikats. Zwölf Jahre hatte Franziskus amtiert, der erste Lateinamerikaner im Amt des römischen Bischofs. Von Anfang an mit hohen Erwartungen konfrontiert, war es ihm gelungen, Freund wie Feind zu verwirren, denn Jorge Mario Bergoglio, vormals Erzbischof der Metropole Buenos Aires, ließ sich in seiner Papstzeit kein Etikett ankleben, sondern konnte wahlweise in die Rolle des Zauderers wie des Reformers schlüpfen. Vieles an ihm war lateinamerikanisch: die Art und Weise, auf Menschen zuzugehen. Die Spontanität, das Ungeordnete. Das Desinteresse am Klein-Klein ökumenischer oder interreligiöser Haarspalterei. Vor allem die Überzeugung, dass Kirche, Theologie, Liturgie nicht für sich selbst da sind, sondern für die Menschen, für das Volk. Und dass »die Armen im Zentrum des Evangeliums« stehen. Hörte man ihn zu Basisbewegungen sprechen, dann klang der Pontifex manchmal wie der Chef einer Gewerkschaft. Er wehrte sich zwar immer wieder gegen den Vorwurf, Kommunist zu sein; bei seinen unmittelbaren Vorgängern wäre niemand auch nur auf diese Idee gekommen.

Er war auch der erste Jesuit im Papstamt, und seine Spiritualität war zutiefst ignatianisch, also vom Ordensgründer Ignatius von Loyola (1491–1556) geprägt; das merkte man vor allem daran, wie entschlossen er Jesus – nicht Maria oder die Kirche – in den Mittelpunkt stellte. Die Praxis der »Unterscheidung der Geister«, die für den Orden kennzeichnend ist, hat Franziskus in der Kirche zu verankern versucht – durch einen weltsynodalen Prozess,

der in mancherlei Hinsicht aufwändiger war, als ein Konzil es gewesen wäre, und der auch mit seinem Tod nicht zu Ende gegangen ist. Noch von der Gemelli-Klinik aus veröffentlichte der Schwerkranke Mitte März 2025 einen synodalen Fahrplan, der bis in den Herbst 2028 reicht und somit auch seinen Nachfolger Leo auf den neuen, den synodalen Stil der Kirche festlegen soll.

Was hat er erreicht in den zwölf Jahren, die ihm beschieden waren? Er hat viele Prozesse angestoßen, vieles in Bewegung gebracht. »Kirche im Aufbruch«, das war eine seiner emblematischen Formulierungen: Kirche, die rausgeht aus der Komfortzone, die keine Angst vor einer »Beule« hat, vor einem Kratzer im Lack. Kirche als »Feldlazarett«, in dem die Wunden der Menschen von heute verbunden werden – der Menschen, wie sie nun mal sind, nicht wie man sie sich wünscht und zurechtschnitzt. Aus »Freude« (der Begriff taucht in unterschiedlichen Varianten immer wieder in Titeln seiner größeren Schreiben auf) sollte neuer missionarischer *Drive* entstehen. Seine Kurienreform stellte 2022 die Evangelisierung ins Zentrum; die entsprechende Vatikanbehörde rückte auf die Nummer 1 im römischen Organigramm – eine Entmachtung der Glaubensbehörde, die bis dahin über Jahrhunderte hinweg unangefochten den Takt vorgegeben hatte. Und noch im Sarg trug er abgetretene Straßenschuhe.

Doch vieles in diesem Pontifikat wirkte nur grob skizziert, nicht abgeschlossen. Manches löste auch Durcheinander aus – wie es kaum ausbleiben kann, wenn eine Großorganisation wie die katholische Kirche sich in nichtkartiertes Gelände wagt. Der deutsche »Synodale Weg« fühlte sich anfangs von Franziskus ermutigt, später dann misstrauisch beäugt; das Nachdenken des

Papstes über neue Formen des Priesteramts auch für Verheiratete oder über Weiheämter für Frauen ergab nichts Greifbares; seine Lockerung des Verbots für wiederverheiratete Geschiedene, zur Kommunion zu gehen, wurde in der Fußnote eines Apostolischen Schreibens versteckt – die Liste ließe sich fortsetzen. Selbst Papstfreund Erwin Kräutler, emeritierter österreichischer Bischof im brasilianischen Urwald, gestand in einem Interview, er habe »mehr erwartet«.

»Die synodale Struktur der Kirche – das ist, glaube ich, sein großes Vermächtnis«, sagte mir Kurienkardinal Walter Kasper zwei Tage nach dem Heimgang des Papstes in einem Interview für Radio Vatikan. »Das hat er angestoßen, das ist noch nicht alles ausgeführt; insofern kann man sagen, es sei ein unvollendetes Pontifikat. Aber solche großen Veränderungen kann man in einem Pontifikat allein gar nicht machen. Da gibt es noch einiges zu verbessern und weiterzuführen, zu klären für den nächsten Papst, der hoffentlich diese Initiative aufgreift …«

Kasper ist ein schwäbischer Theologe; in den Vatikan kam er Ende der 1990er-Jahre, zuletzt war er bis 2010 päpstlicher Ökumene-Beauftragter. Natürlich habe der Verstorbene »keine Revolution gemacht«, urteilt er: »Er hat nicht all das erfüllt, was man in Deutschland und sonst im Westen so alles will. Aber er hat die Bedingungen geschaffen, darüber zu reden! Man kann reden, ohne dass man nachher kritisiert wird, und das ist ein neuer Stil, das hat ein neues Klima in der Kirche geschaffen – und die Leute, auch die einfachen Leute, haben das verstanden.« Man dürfe hoffen, dass der neue Pontifex diesen Faden aufnehmen werde: »Zurückfahren kann man nicht, das ist ausgeschlossen.«

Auch dies ein Teil des Erbes von Franziskus: Kreierung Robert Prevosts zum Kardinal am 30. September 2023.

In Erinnerung bleiben wird Papst Franziskus vor allem durch sein Bemühen um Einfachheit und durch sein Eintreten für die Armen und Entrechteten. Dabei nahm er am heiligen Franz von Assisi Maß, nach dem er sich als erster Petrusnachfolger überhaupt benannt hatte. »Er ist für mich der Mann der Armut, der Mann des Friedens, der Mann, der die Schöpfung liebt und bewahrt«, erklärte der Neugewählte bei einem seiner ersten Auftritte 2013, und damit waren die Farben für dieses Pontifikat angerührt. Armut als Erstes. Franziskus hat einen kirchlichen Welttag der Armen eingeführt, er wohnte demonstrativ im Gästehaus statt im Apostolischen Palast, ließ sich im kleinen Fiat herumkutschieren und nicht in einer Staatskarosse. Dann die Bewahrung der Schöpfung: Als erster Papst überhaupt hat Franziskus 2015 der Umwelt eine eigene Enzyklika (»Laudato si'«) gewidmet und dabei zugleich das Thema Nachhaltigkeit mit dem Thema Gerechtigkeit verknüpft. Und schließlich Frieden. Er hat die Todesstrafe geächtet, er hat schon den bloßen Besitz von Atomwaffen für verboten erklärt, er konnte dem theologischen Konstrukt des »gerechten Kriegs« nichts abgewinnen – und brachte sich hartnäckig, wenn auch vergeblich als Ermöglicher von Friedensgesprächen für den Ukraine-Krieg ins Spiel. Mit seinem Pontifikat kehrte der Vatikan als globale *Soft Power* auf die politische Landkarte zurück.

Der Traum dieses Papstes bestand darin, an die Peripherien zu gehen, bei den Allerletzten zu sein, ihnen die Botschaft von Gottes Barmherzigkeit zu bringen. Für ihn schnurrte das ganze Evangelium auf die Weltgerichts-Szene in Matthäus 25 zusammen, in der der wiederkehrende Christus sagt: »Was ihr für einen meiner geringsten Brüder getan habt, das habt ihr mir getan.«

Außer dieser Passage und den Seligpreisungen brauche man in der Bibel eigentlich »nichts anderes mehr zu lesen«, behauptete er einmal bei einer Begegnung mit Jugendlichen und gab damit seiner Überzeugung Ausdruck, dass man in den Armen und Bedürftigen Christus selbst begegnet. Umarmte er einen Bettler, so war das für ihn Gottesbegegnung, ja Eucharistie; als er 2016 Migranten und Flüchtlinge in ihrem Auffanglager auf der griechischen Insel Lesbos besuchte, ließ er sich von orthodoxen Bischöfen begleiten, und ein scharfsinniger theologischer Beobachter deutete das als Interkommunion: als gemeinsame Teilhabe am geschundenen Leib Christi. Nicht im eucharistischen Brot, sondern in den Geringsten unter unseren Mitmenschen – aber deswegen nicht weniger real.

Die Armen = Jesus, das war die Mystik des Papstes aus Buenos Aires. »Hier verbirgt sich Jesus – in diesen Jugendlichen, in diesen Kindern, diesen Menschen«, meditierte er im Oktober 2013, als er erstmals Assisi aufsuchte und dort behinderte und kranke Kinder traf. »Auf dem Altar beten wir das Fleisch Jesu an; in ihnen erkennen wir die Wunden Jesu. Jesus, der in der Eucharistie verborgen ist, und Jesus, der sich in diesen Wunden verbirgt.« Eine Spiritualität der Konkretheit: Jesus in den Armen, den Einfachen, den Entrechteten begegnen, nicht abstrakt, sondern ganz real.

Weil es den pastoralen Papst an die Peripherien zog, blieben Berlin, London oder Madrid in diesem Pontifikat unbesucht. Stattdessen tauchte Franziskus an Orten wie Tirana oder Bangui auf, in Malmö, Tiflis, Yangon, Dili oder Juba. Auch mit seiner Auswahl neuer Kardinäle machte er klar, dass jetzt die Stunde des globalen Südens geschlagen hatte: Rote Hüte wanderten nach

Singapur, Haiti oder Tonga, während viele übliche Verdächtige aus Europa (etwa Venedig, Mailand, Paris, Los Angeles) leer ausgingen. Es waren meist gestandene Ortsbischöfe wie er selbst, die in den »Senat des Papstes« einziehen durften.

Gleichwohl war die pastorale Wende der Weltkirche, an der Franziskus arbeitete, nicht ohne Schattenzonen. Das erwies sich vor allem am Umgang mit den Missbrauchsskandalen, dem Albtraum, der nicht enden will. So mancher Seelsorger, den der Papst kannte und schätzte und förderte, hatte in dieser Hinsicht Dreck am Stecken, und ausgerechnet auf diesem sensiblen Gebiet ließ den Papst zuweilen sein Gespür im Stich. In einigen Fällen hielt er lange an Bischöfen fest, die Missbrauch vertuscht oder sogar selbst begangen hatten. Es gab Momente, in denen man daran zweifeln konnte, ob Rom den Ernst des Phänomens Missbrauch wirklich begriffen hatte. Auf seiner Haben-Seite steht hingegen, dass er im Umgang mit Missbrauch das Kirchenrecht deutlich verschärft, eine vatikanische Kinderschutzkommission ins Leben gerufen und 2019 im Vatikan einen Kirchengipfel über den Schutz von Minderjährigen ausgerichtet hat, bei dem die Vorsitzenden aller Bischofskonferenzen des Planeten für das Thema sensibilisiert wurden. Der schon erwähnte Missbrauchs-Experte Hans Zollner bescheinigt Bergoglio, was das Missbrauchs-Dossier betrifft, eine »steile Lernkurve«.

Franziskus, der Seelsorger: Sein großer Moment kam in der Corona-Pandemie. Während in vielen Ländern aus Seuchenschutzgründen Kirchenpforten ins Schloss fielen, öffnete Franziskus seine Kapellentür, zumindest virtuell; während des Lockdowns konnten die zuhause Eingesperrten sich zu seiner täglichen Frühmesse in der *Casa Santa Marta* zuschalten. Am 27. März 2020 betete der Papst dann ganz allein auf dem Petersplatz, nur von ein paar Assistenten unterstützt, um ein Ende der Pandemie. Er predigte über den Sturm auf dem Meer, wiederholte die Frage Jesu an seine in Panik geratenen Jünger – »Warum habt ihr solche Angst? Habt ihr noch keinen Glauben?« – und zeichnete dann über der leeren Piazza mit dem Allerheiligsten ein Kreuz in den Nachthimmel, während irgendwo in der Nähe die Sirene eines Krankenwagens heulte. Es war die vielleicht eindringlichste Szene dieses Pontifikats.

In seinen Beziehungen zu anderen christlichen Konfessionen und zu anderen Religionen hat sich Franziskus als Grenzgänger erwiesen. Als erster Papst nahm er, 500 Jahre nach Luthers Thesen, an einem offiziellen Reformationsgedenken teil, nicht in Wittenberg allerdings, sondern in Schweden; als erstem Papst gelang ihm auch ein Treffen mit dem russisch-orthodoxen Patriarchen von Moskau, selbst wenn sich die Beziehungen angesichts des russischen Überfalls auf die Ukraine bald wieder eintrübten. Mit dem Primas der anglikanischen Kirche und dem Leiter der reformierten Kirche Schottlands machte er sich auf eine Friedenswallfahrt in Afrikas ärmsten Staat Südsudan; zugleich ging er auf Christen abseits des ökumenischen Mainstreams zu, auf Pfingstler, Waldenser und Evangelikale.

Interreligiös setzte Franziskus auf eine Allianz der Glaubenden, was er an der Jerusalemer Klagemauer durch eine Dreier-Umarmung mit einem Vertreter des Islams und einem des Judentums zum Symbolbild gerinnen ließ. Im Dialog mit dem Islam hat er viel erreicht; als erster Papst besuchte »Franziskus von Ara-

GRACIAS
WWW.FACTORFRANCISCO.ORG

bien« 2019 die arabische Halbinsel, kam Mekka und Medina, den Geburtsorten des Islams, so nah wie kein römischer Bischof vor ihm; in Abu Dhabi lancierte er zusammen mit Großimam Ahmad al-Tayyeb von Kairos al-Azhar-Universität ein Manifest der Geschwisterlichkeit, das neue Maßstäbe setzte im Verhältnis der beiden Weltreligionen. Besonderen Respekt brachte ihm 2021 seine Visite im Irak ein, wo er in den Trümmern von Mossul betete, der erst kurz zuvor aus den Händen der Terrorgruppe »Islamischer Staat« befreiten Stadt. Weniger interessiert zeigte sich dieser Papst allerdings am Gespräch mit Nichtglaubenden, das seinem Vorgänger Benedikt XVI. besonders am Herzen gelegen hatte; dessen tiefe Sorge, die Frage nach Gott könne in der heutigen Gesellschaft erlöschen, schien den Nachfolger nicht besonders umzutreiben.

Überhaupt, Benedikt. Dass der Deutsche 2013 vom Papstamt zurückgetreten war, hat Franziskus respektiert und immer wieder gelobt. Gefolgt ist er ihm aber nicht auf diesem Weg; stattdessen knüpfte Franziskus an das Durchhalten-bis-zum-Schluss-Mantra seines Vorvorgängers Johannes Paul II. an. »Ich glaube, dass das Amt des Papstes *ad vitam* ist. Ich sehe keinen Grund, warum das nicht so sein sollte«, gestand er nach dem Tod seines emeritierten Vorgängers, nachdem er entsprechende Fragen bis dahin ausweichend beschieden hatte. Ein Papst geht nicht in Rente, sondern stirbt im Dienst … Zu dieser Vorstellung vom Papstamt passte dann tatsächlich Bergoglios Sterben am Ostermontagmorgen, einen Tag nach dem Segen »Urbi et orbi«.

Der »Sydney Morning Herald« ließ, kaum war Franziskus' Tod bekanntgeworden, in einem Nachruf die letzten öffentlichen Momente dieses Papstes Revue passieren. In seiner Ansprache, die er wegen seiner angegriffenen Stimme nicht selbst vortragen konnte, sondern die verlesen wurde, habe Franziskus die Kriege in der Welt, den Antisemitismus und die Gleichgültigkeit gegenüber dem Leiden angeprangert. »Dann … bestieg er das offene Papamobil … und drehte eine letzte Runde durch die Gläubigen. Mit zitternden Händen segnete er Kinder, die ihm zugereicht wurden, und winkte der Menge, die seinen Namen rief.« Es war ein überraschend hymnischer Tonfall, den das australische Blatt da anschlug. »Franziskus verwandelte den Petersplatz in eine Bühne des Abschieds. Der Moment schien gewollt. Heilig. Endgültig. Franziskus wird für vieles in Erinnerung bleiben … Doch das vielleicht beständigste Bild wird das eines Sterbenden sein, der sich weigerte, sich zurückzuziehen, der seine Botschaft über den Schmerz hinaus in die Geschichte trug. An seinem letzten Osterfest hat Franziskus die Auferstehung nicht gepredigt. Er hat sie verkörpert.«

Deutlich prosaischer urteilte ein paar Tage darauf der Papsthistoriker Volker Reinhardt im schweizerischen Fribourg: »Es war kein herausragendes Pontifikat. … Es ist in seinem Pontifikat nichts Wichtiges passiert, es gab keine einschneidenden Veränderungen.« Hält man diese beiden Bewertungen nebeneinander, wird klar, dass das letzte Wort über den 265. Nachfolger des Petrus noch nicht gesprochen ist.

6

»*Wir wählen doch keinen König*«

Ein Konklave mit vielen Unbekannten

Fünf Tage nach seinem Tod, am Samstag, 26. April 2025, wurde Papst Franziskus in Rom feierlich zu Grabe getragen. 250.000 Menschen drängten sich auf dem Petersplatz und in den Seitenstraßen, um Abschied zu nehmen; die meisten von ihnen waren schon in den frühen Morgenstunden aufgestanden, um sich zumindest freie Sicht auf die Fassade von Sankt Peter zu sichern. Über den sieben Hügeln Roms ein herrlich blauer Himmel, doch rund um den Vatikan überall Absperrgitter und Kontrollen. Hauptzelebrant des Requiems war Giovanni Battista Re, der Dekan des Kardinalskollegiums: 91 Jahre alt und doch von knorriger Vitalität. Der Kardinal hielt eine fulminante Predigt, in der er noch einmal die Hauptthemen des verflossenen Pontifikats anriss: Barmherzigkeit, Freude des Evangeliums, voller Einsatz für Menschen am Rand.

»Er war ein Papst, der mitten unter den Menschen war und für alle ein offenes Herz hatte«, resümierte Re. »Darüber hinaus war er ein Papst, der achtsam war für das Neue, das in der Gesellschaft aufkam, und für das, was der Heilige Geist in der Kirche weckte.« Roter Faden der letzten zwölf Jahre sei die Überzeugung des Franziskus gewesen, »dass die Kirche ein Zuhause für alle ist, ein Haus mit stets offenen Türen«, dass sie sich wie ein »Feldlazarett nach einer Schlacht mit vielen Verwundeten … entschlossen um die Probleme der Menschen und die großen Nöte, die die heutige Welt zerreißen, kümmern« soll. Viele Beobachter glaubten aus Res Worten Winke und Empfehlungen für das bevorstehende Konklave herauszuhören – ein Konklave, an dem der Dekan wegen Überschreiten der Altersgrenze allerdings selbst gar nicht teilnehmen durfte. Nur Kardinäle, die im Moment des Papsttodes ihr 80. Lebensjahr noch nicht vollendet haben, können mit in die Sixtinische Kapelle einziehen.

Ganz im Geist des Verstorbenen holte der greise Kirchenmann zu einem Friedensappell aus, denn da saßen sie ja alle auf den Vorzugsplätzen der Piazza, die Großen dieser Welt, Vertreter von etwa 160 Staaten. Noch vor Beginn der Zeremonie hatten sich US-Präsident Trump und der ukrainische Staatschef Selenskyj auf ein schnelles Gespräch im Petersdom getroffen; zwei gepolsterte Stühle, von einem Monsignore rasch zueinandergeschoben – eine Szene, die nicht zufällig an eine Beichte gemahnte. »Das erste Wunder des Franziskus«, schrieb eine römische Tageszeitung unter das Bild.

Der einfache Holzsarg mit den sterblichen Überresten des Papstes stand während der Totenmesse auf dem Petersplatz vor dem Hauptaltar; eine Viertelmillion Menschen war in den drei Tagen zuvor – da war der Sarg noch offen gewesen – im Petersdom an ihm vorbeidefiliert. Nach der Messfeier wurde der Sarg auf eine Art Papamobil geschoben und in zügiger Fahrt einmal quer durch die Altstadt zur Basilika *Santa Maria Maggiore* gebracht, denn Franziskus hatte verfügt, nicht im Petersdom, sondern in Roms wichtigster Marienkirche bestattet zu werden. Doch was wie eine weitere Misstrauenserklärung des Argentiniers gegenüber dem Vatikan hätte wirken können, geriet an diesem Samstag zu einem unvergesslichen Moment, als der Sarg des Bischofs von Rom ein letztes Mal durch seine Stadt rollte, über die Piazza Venezia und am Kolosseum vorbei. Etwa 150.000 Menschen säumten die Straßen und klatschten Beifall; so etwas hatte Rom seit über 100 Jahren nicht mehr gesehen – das Plebiszit des »popolo di Bergoglio«, des Bergoglio-Volkes. In *Santa Maria Maggiore* dann der Empfang des Sargs durch eine Delegation von Armen, Migranten, Obdachlosen, Transpersonen – ein Kontrastbild zum Aufgalopp der Mächtigen auf der Piazza San Pietro. Und schließlich die Bestattung im kleinen Kreis, ohne Live-Übertragung. »Aus Franziskus wurde wieder Jorge Mario«, resümierte eine italienische Tageszeitung.

Mit dem wackeren Kardinal Re hatten unter der römischen Sonne Tausende von Priestern konzelebriert, darunter nicht weniger als 224 Kardinäle, von denen jedoch viele die Altersgrenze zur Papstwahl schon überschritten hatten. Sie waren, wenn sie nicht sowieso in Rom wohnten, aus allen Himmelsrichtungen angereist in diesen Tagen, die Mitglieder des »Heiligen Kollegiums«, um gewissermaßen auf Zeit die herrenlos gewordene römische Macht zu übernehmen. Schon am Dienstag, 24 Stunden nach dem Heimgang des Papstes, hatten sich diejenigen unter ihnen, die es bis nach Rom geschafft hatten, hinter verschlossenen Türen im Vatikan zur ersten von insgesamt zwölf »Generalkongregationen« getroffen, um über das nun Anstehende zu beraten und den Weg durch die Sedisvakanz hin zur Wahl des nächsten Petrusnachfolgers zu ebnen. In aller Umständlichkeit wurden Verschwiegenheitseide geleistet und Ausschnitte aus der Konklave-Ordnung Johannes Pauls II. verlesen – doch dahinter standen immer drängendere Fragen auf: Wer hat das Zeug, um die Nachfolge des Franziskus anzutreten? Was für einen Papst braucht die Weltkirche nun, welche Kandidaten kommen in Frage?

Knifflig. Die Dynamiken für das bevorstehende Konklave waren besonders schwer einzuschätzen; nicht etwa, weil es nicht abzusehen gewesen wäre, dass der 88-jährige Papst irgendwann einmal das Zeitliche segnen würde. Sondern weil der Verstorbene sich in seinem Pontifikat ein Vergnügen daraus gemacht hatte, nicht (nur) die üblichen Verdächtigen mit dem Kardinalspurpur auszuzeichnen, sondern auch nahezu unbekannte Seelsorger von den »Rändern«, aus der freien Wildbahn des Katholischen. »Wir kennen uns untereinander kaum«, sagte mir ein Kurienkardinal. Diesmal sollten sich Vertreter von nicht weniger als 71 Nationen zum internationalsten Konklave aller Zeiten in der Sixtina versammeln – und das bedeutete, dass »Königsmachern« eine besondere Rolle zukommen mochte.

Einer dieser möglichen »Königsmacher« war der Münchner Erzbischof Reinhard Marx (71), einer von nur drei wahlberechtigten Kardinälen aus Deutschland (die anderen waren Rainer Maria Woelki und Gerhard Ludwig Müller). Marx stand zwei Stunden nach Franziskus' Beisetzung im Vorhof eines römischen Palazzo am Gianicolo-Hügel und ließ sich von einer Pressemeute interviewen. Für ihn sei es ab dem Moment, in dem er Franziskus' Todesnachricht erhielt, »sehr hektisch« geworden, sagte er: »Ich bin noch in der Nacht losgefahren, um morgens hier in Rom bei

Kardinal Prevost in der Messe vor Beginn des Konklaves.

der ersten Sitzung der Kardinäle zu sein. Und erst heute eigentlich, als ich am Sarg stand, war ich richtig traurig und dachte bei mir, ich werde ihn vermissen.« Für einen Moment kippte ihm die Stimme weg, und Marx, der als Mitglied im Kardinalsrat und im vatikanischen Wirtschaftsrat eng mit dem Verstorbenen zusammengearbeitet und auch manchen Strauß mit ihm ausgefochten hatte, kämpfte mit den Tränen.

Als ein Journalist ihn darauf ansprach, dass italienische Medien ihn als »Königsmacher« handelten, reagierte Marx irritiert: »Ich glaube, ich bin im falschen Film! Wir wählen doch keinen König!« Einige Äußerungen darüber, was für eine Art Papst er sich vorstellen könnte, ließ er sich dann doch entlocken. Gebraucht werde ein glaubwürdiger und kommunikativer Pontifex; da komme es nicht auf konservativ oder progressiv an, sondern auf die Persönlichkeit. »Es geht darum, Menschen Hoffnung zu geben.« Gesucht werde »eine Stimme, die über die nationalen Interessen, über die Polarisierungen … hinausgeht. Eine Stimme, die die ganze Menschheitsfamilie in den Blick nimmt, den ganzen Planeten, auf dem wir leben.«

Marx war nicht der Einzige. Auch andere Mitglieder des päpstlichen »Senats« erlagen in diesen Tagen der Versuchung, die Debatte um den künftigen Kurs der Kirche und den nächsten Papst in die Öffentlichkeit zu tragen. Das Kapitel Franziskus sei jetzt »abgeschlossen«, befand Kurienkardinal Müller, früherer Präfekt der obersten vatikanischen Glaubensbehörde, und ließ erkennen, dass Franziskus aus seiner Sicht manchmal »etwas zweideutig« gewesen sei und dass jetzt bitte wieder »vollkommene theologische Klarheit« in den Vatikan einziehen solle. Spürbar anders gewichtete dagegen Kardinal Matteo Zuppi, der Vorsitzende der italienischen Bischofskonferenz, die Dinge: Dem verstorbenen Papst sei es um eine Kirche gegangen, die die Menschen »versteht, begleitet und umarmt«, und das »weist uns weiterhin den Weg«.

Alle Zeichen also auf Richtungsstreit? Nein, das nun auch wieder nicht. Von 135 wahlberechtigten Kardinälen nahmen 133 am Konklave teil, und von diesen waren 108 »Kreaturen« von Franziskus (ein Papst »kreiert«, also »erschafft« Kardinäle) und somit ihm und seiner Linie mehr oder weniger verpflichtet; das ließ im Vorfeld ein deutliches Votum für die Fortsetzung der Bergoglio'schen Öffnungen erwarten. »Seit 1800 hat kein Papst ein Konklave vorab so stark geprägt«, urteilte der deutsche Kirchenhistoriker Jörg Ernesti in den Tagen zwischen Papstbeerdigung und Konklave und fragte: »Woher soll die Opposition denn kommen? Von den paar alten Kardinälen, die von Johannes Paul II. oder Benedikt XVI. noch dabei sind?« Allerdings hätten sich unter Franziskus' wohlwollendem Blick eine ganze Reihe von möglichen Papstkandidaten profilieren können; darum kämen für die Schuhe des Fischers »sicher 15 Kardinäle« in Frage.

Zum Beispiel Luis Antonio Tagle (67), früherer Erzbischof von Manila auf den Philippinen, dann Präsident von Caritas Internationalis und Vatikanverantwortlicher für Evangelisierung, ein Freund der Armen mit teilweise chinesischen Vorfahren und starkem Charisma. Im Netz zirkulierte ein Video, in dem er (mit verändertem Text) »Imagine« von John Lennon sang. Auch der Name des Erzbischofs von Marseille, Jean-Marc Aveline (66), wurde immer wieder genannt: in Algerien geboren, ein Mann des interreligiösen Dialogs, von dezidiert pastoralem Zuschnitt. Oder Peter Erdö, der Erzbischof von Budapest, der in seiner Gelehrsamkeit an Benedikt XVI. gemahnte. Und auf den sich vor allem konservative, ja restaurative Hoffnungen richteten.

Auffallend war allerdings, dass die Lateinamerikaner, die immerhin den letzten Pontifex hervorgebracht hatten, diesmal offenbar keinen plausiblen Kandidaten vorweisen konnten. Das brachte Beobachter ins Grübeln: Würden sie sich etwa auf einen gewissen – ja, der Name muss jetzt fallen – Robert Francis Prevost (69) verständigen können? Der war zwar US-Amerikaner, hatte aber lange Jahre als Missionar und Ortsbischof in Peru verbracht. Ja, Prevost tauchte in einigen der vielen Kandidatenlisten auf … aber nie an führender Stelle, immer in der B-Liga. Und noch etwas war auffallend, nämlich wie viele italienische Kardinäle als *Papabili* gehandelt wurden: Der schon erwähnte Matteo Zuppi (69), Erzbischof von Bologna und bekannter Exponent der katholischen Basisbewegung Sant'Egidio, war einer davon, ein Mann ganz nach dem Herzen des verstorbenen Papstes, ein Fahrradfahrer und ein bisschen »Hippy«. Ein anderer, dessen Name immer wieder genannt wurde, war Pierbattista Pizzaballa (60), Franziskaner und Lateinischer Patriarch von Jerusalem, des Hebräischen mächtig, eine moderate Stimme im Heilig-Land-Hexenkessel. Und Italiener – auch wenn das Päpstliche Jahrbuch ihn als asiatischen Purpurträger aufführt und er mehr als die Hälfte seines Lebens im Nahen Osten verbracht hat.

Italiener war schließlich auch der Favorit der Vatikanbeobachter und der britischen Wettbüros: Pietro Parolin (70), der Kardinalstaatssekretär des Franziskus. Ein zurückhaltend-freundlicher

Die Kardinäle in der Sixtinischen Kapelle, deren Pforten gleich geschlossen werden.

Diplomat aus Venetien. Kein Charismatiker, eher bürokratisch; aber gescheit, solide und fromm. Parolin hatte das Kunststück fertiggebracht, Bergoglio treu zu dienen und trotzdem konservative Herzen höher schlagen zu lassen. Sein vermeintlicher Nachteil, nämlich Mangel an seelsorglicher Erfahrung, konnte ihm auch zum Vorteil gereichen – immerhin wurde es dadurch unwahrscheinlich, dass ihn irgendwann ein Skandal um die Vertuschung von Missbrauchsfällen einholen würde. Überhaupt war Parolin in den letzten Jahren aus allen Skandalen und Aufgeregtheiten halbwegs unbeschadet hervorgegangen; dass ein chinesischer Kardinal ihn heftig angriff wegen eines Geheimabkommens, das vom Vatikan mit der Pekinger Führung ausgehandelt worden war, prallte an seinem bedächtigen Wesen ab. Und auch die Ausläufer des Finanzskandals um einen zeitweise engen Mitarbeiter im Staatssekretariat, Angelo Becciu, vermochten an seinem Nimbus kaum zu kratzen.

Mit dem Fall Becciu mussten sich eine Woche nach dem Tod von Papst Franziskus auch die Kardinäle befassen; ein ausgesprochen vertracktes Thema war das. Der Sarde hatte an der Kurie einen kometenhaften Aufstieg hingelegt, der ihn schließlich als Kardinalpräfekt an die Vatikanbehörde für Selig- und Heiligsprechungen führte. Doch als um eine schwarze Kasse und gigantische Fehlinvestitionen in eine Londoner Immobilie ein Skandal aufkam, der sich mit Becciu verband, hatte Franziskus 2020 den Mann, den er selbst erst zwei Jahre zuvor ins *Sacro Collegio* aufgenommen hatte, zum Rücktritt von seinen Ämtern gezwungen und ihm seine Rechte als Kardinal aberkannt; nur den Titel durfte Becciu behalten. Ein Vatikangericht verurteilte ihn im Dezember

2023 zu einer Haftstrafe (gegen die er in Berufung ging), und damit schien klar, dass Becciu bei einer Papstwahl keine Rolle mehr spielen würde. Doch kaum war Franziskus tot und der Apostolische Stuhl vakant, brach der Verurteilte in die Ewige Stadt auf, um, wie er Journalisten wissen ließ, am Konklave teilzunehmen; schließlich gebe es keinerlei schriftlichen Hinweis darauf, dass der Verstorbene ihn wirklich seiner Kardinals-Vorrechte entkleidet habe.

Der Fall Becciu sorgte einige Tage lang für gehöriges Rauschen im italienischen Blätterwald. Erst als man ihm nach der Beerdigung des Papstes zwei Dokumente vorlegte, in denen Franziskus eben doch seinen Ausschluss aus einem Konklave ausdrücklich angeordnet hatte, gab Becciu den Anspruch auf, in die Sixtinische Kapelle einzuziehen. Hätte er diesen Verzicht nicht geleistet, wäre – wie auch immer die Kardinäle über seine Teilnahme oder Nicht-Teilnahme an der Papstwahl befunden hätten – eine Anfechtung des Wahlergebnisses vorstellbar gewesen, und das hätte für die Kirchenführung ein Albtraum-Szenario bedeutet.

Als Sieger aus dieser Kraftprobe ging Parolin hervor; er hatte dem Vernehmen nach Becciu die vom verstorbenen Papst unterzeichneten Papiere vorgelegt. Und ihm fiel, weil sowohl Kardinaldekan Re als auch dessen Vize Leonardo Sandri die Altersgrenze überschritten hatten, als ranghöchstem Kardinal auch die Leitung der Papstwahl zu. Diese gute Ausgangslage rief prompt Neider auf den Plan; jedenfalls verbreiteten Medien zwischenzeitlich das Gerücht, dass Parolin während einer Generalkongregation zusammengebrochen sei – eine Behauptung, die der Vatikan nachdrücklich dementierte.

Zwischen 40 und 45 Stimmen sprach die Tageszeitung »La Stampa« vier Tage vor Beginn des Konklaves Parolin zu; ihm folgten Zuppi mit 25 bis 30, Tagle mit 20 und vier weitere Purpurträger (nein, Prevost war nicht darunter) mit jeweils zehn Stimmen. Ein breites Feld – das zu einer Papstwahl nötige Quorum lag bei 89 Stimmen. Es habe sich bisher noch kein klarer Favorit herausgestellt, erläuterte ein ungenannter Kardinal: »Keiner überzeugt vollkommen, jeder hat Stärken und Schwächen.« Zu Parolins mutmaßlichem Abschneiden im ersten Wahlgang äußerte er, wenn jemand mit 45 Stimmen starte, diese Zahl aber bei der zweiten Abstimmung nicht erhöhen könne, dann bringe das alles nichts, dann komme es zur Blockade und zu Alternativkandidaten. Der chilenische Kardinal Fernando Natalio Chomalí Garib (68) befand in derselben Zeitung bündig: »Wir haben 133 Namen, und alles ist offen.« Wobei Insider zudem zu bedenken gaben, dass es ein Fehler sei, sich vor allem auf europäische Kandidaten einzustellen – nicht nur, weil der Anteil der Europäer an den Papstwählern erstmals unter 50 (nämlich bei 39) Prozent lag. »Unser Kontinent ist alt und müde«, klagte Schwedens erster Kardinal Anders Arborelius (75), ein früherer Lutheraner, »die Kirche in anderen Teilen der Welt ist dynamischer und lebendiger, und darum wäre es vielleicht natürlicher, wenn der nächste Papst aus Afrika oder Asien käme.« Das sah der Japaner Tarcisio Isao Kikuchi (66) ähnlich: »Wenn die Europäer einig wären, dann wären sie die Stärksten, aber so einig sind sie nicht. Da werden wir Asiaten wohl viel kompakter auftreten …«

Ein »unnormales« Konklave, urteilte die spanische Tageszeitung »El País«: Die beharrenden Kräfte verfügten über keinen offensichtlichen Kandidaten, die progressiven hätten deren hingegen zu viele. Frühere Papstwahlen seien im Wesentlichen eine Abstimmung über einen starken Namen gewesen, also: Ratzinger ja oder nein (2005), Bergoglio ja oder nein (2013), aber diese Formel stimme jetzt nicht mehr, die Wähler irrten durch einen »Spiegelsaal«. Die 17 Italiener seien untereinander gespalten (»ein Klassiker«), die aus 27 Kardinälen bestehende kuriale Partei wolle Franziskus' Reformen zurückdrehen, und viele Kardinäle wünschten sich zwar einen Seelsorger, aber nicht unbedingt einen, der wie Bergoglio vor zwölf Jahren »wie ein Marsmännchen in Rom landet«.

Die »Frankfurter Allgemeine Sonntagszeitung« zählte auf, welche Blöcke sich gegenüberstanden: »Reformer und Konservative, Europäer und Asiaten, Nordamerikaner und Afrikaner, gestandene Erzbischöfe von katholischen Zentren mit großer Tradition und junge Bischöfe von den Peripherien der Weltkirche«. Die »weltanschaulichen Frontlinien« verliefen dabei »quer durch die geographischen Lager« – mit dem paradoxen und eventuell wahlentscheidenden Umstand, dass die Kardinäle aus dem globalen Süden eher konservativ, ihre Amtsbrüder aus Nordamerika und Europa hingegen stärker reformorientiert seien.

Immerhin, so versicherten alle Quellen, war die Stimmung unter den Kardinälen sehr brüderlich und gut; nur hinter vorgehaltener Hand seufzten die Wahlberechtigten, dass bei den Beratungen zu häufig die Älteren das Wort ergriffen, und nur selten blitzte eine Ahnung von offenem Streit auf, etwa als bekannt wurde, dass der Chinese Joseph Zen Ze-kiun (mit 93 Jahren noch älter als Re) hinter den verschlossenen Türen der Generalkongregation Franziskus' Vision einer synodalen Kirche in Grund und Boden verdammt hatte.

Am Mittwoch, dem 7. Mai 2025, leitete Giovanni Battista Re die letzte große Messe der Kardinäle vor Beginn des Konklaves in St. Peter; Weihrauch stieg auf, Chöre psalmodierten, und die Kardinäle in ihren feuerroten Messgewändern, die im Halbkreis vor dem Petrusgrab saßen, blickten ernst, ja beklommen drein. Am Nachmittag zogen die 133 Wähler dann in die Sixtina ein, legten einen Eid auf ein aufgeschlagenes Evangelienbuch ab und schlossen die hölzerne Flügeltür der Kapelle hinter sich. Der Wahlkrimi konnte losgehen. Sie waren nun allein mit sich und ihrem Gewissen.

7
Unter Beobachtung

Erste Schritte eines neuen Pontifikates

Keine 40 Stunden später betrat Robert F. Prevost die Sixtinische Kapelle. Aber da war er schon gar nicht mehr der Kardinal Prevost, sondern der neue Papst, und das Konklave war längst vorüber; die Messe, die er sich jetzt unter dem »Jüngsten Gericht« des Michelangelo mit seinen bisherigen Kardinalskollegen zu zelebrieren anschickte, war so etwas wie der Schlussstrich unter die vollzogene Papstwahl, welche – wer hätte das gedacht! – in Rekordzeit über die Bühne gegangen war. Es war der Vormittag des 9. Mai 2025. Gestern Nachmittag hatte sich Prevost auf der Loggia des Petersdoms den Menschen auf dem Platz als Leo XIV. vorgestellt, und heute wollte er, wie das bei der ersten Messe eines neuen Papstes üblich ist, etwas von seinem Programm skizzieren.

Weihrauch stieg auf, der Chor psalmodierte, und eigentlich war es schon ein Teil des Programms, dass Leo zwar ein feierliches Messgewand und in der Rechten einen vergoldeten Bischofsstab trug, an den Füßen aber wie Franziskus schwarze Schuhe. Und nicht etwa rote. Da versuchte ein neuer Papst, gleichzeitig den Freunden der Tradition und den Neuerern ein Signal zu geben, oder anders formuliert: den Antagonismus zwischen der »Prunk- und Protzkirche« auf der einen und den Stürmern und Drängern einer »armen Kirche« auf der anderen Seite durch etwas Drittes

Wieder in der Sixtina: Erste Messe mit den Kardinälen.

zu überwinden. Prevost/Leo wusste, dass er unter Beobachtung stand und dass noch die kleinsten Details daraufhin gedeutet wurden, in welche Richtung er die Kirche zu führen gedenkt. Er versuchte, seinem Naturell gemäß, ganz offenbar den Mix, so der erste Eindruck: ein bisschen Bergoglio, einen Schuss Ratzinger, eine Prise Johannes Paul. Anders als der unmittelbare Vorgänger feierte Leo XIV. den Gottesdienst mit liturgischem Bedacht, er sang sogar; das hatte man im argentinischen Pontifikat nie erlebt. Doch dass er seine erste Predigt in der Sixtina nicht auf Latein hielt, war wiederum eine Abweichung von der Tradition und ein Anlehnen an Franziskus.

Nicht auf Latein, nein – der Neue sagte sogar einige Worte auf Englisch, und das war bei einer solchen Gelegenheit noch nie vorgekommen: »Meine Mitbrüder Kardinäle, heute Morgen, in dieser heiligen Messe, lade ich euch ein, die Wunder wahrzunehmen, die der Herr vollbracht hat. … Ihr habt mich berufen, dieses Kreuz zu tragen und mit dieser Sendung gesegnet zu sein, und ich weiß, dass ich mich auf jeden Einzelnen von euch verlassen kann, dass ihr mit mir geht.« Was als Gewissheit daherkam, war in Wirklichkeit ein Appell. Dann wandte sich der Papst seinem vorbereiteten Predigttext auf Italienisch zu und begann über das Messiasbekenntnis des hl. Petrus zu sprechen: »Du bist der Christus, der Sohn des lebendigen Gottes« (Matthäus 16,16). Hier werde »in verdichteter Form« auf den Punkt gebracht, was die Kirche seit den Tagen des Petrus überliefere. »Jesus ist der Christus, der Sohn des lebendigen Gottes, das heißt der einzige Erlöser. Er offenbart das Antlitz des Vaters. … In besonderer Weise vertraut Gott, indem er mich durch eure Wahl zum Nachfolger des Ersten der Apostel berufen hat, diesen Schatz mir an.« Das war, wie tags zuvor auf dem Balkon beim Thema »Frieden«, ein Ausgehen vom Ureigenen des Christlichen, von den Fundamenten der Kirche.

Ungewöhnlich war allerdings, was dann folgte. Leo spulte den Film der biblischen Szene, in der Petrus sein Bekenntnis abgelegt hatte, zurück bis zu der Frage Jesu, was denn die Leute über den Menschensohn dächten (vgl. Matthäus 16,13). Diese Frage Jesu sei »nicht unbedeutend«, sie halle heute noch nach, befand Papst Leo. Die »Welt« gebe darauf zur Antwort, dass Jesus so etwas wie »eine kuriose Figur« sei. »Und so wird diese ›Welt‹ nicht zögern, ihn zurückzuweisen und zu beseitigen, sobald er aufgrund der Ehrlichkeit und der moralischen Ansprüche, die er einfordert, lästig wird.« Die einfachen Leute hingegen sähen in Jesus einen Aufrechten, Mutigen. »Deshalb folgen sie ihm, zumindest solange sie dies ohne allzu große Risiken und Unannehmlichkeiten tun können.« Mit einem Mal ließ sich da ein pessimistischer Zungenschlag vernehmen, ungewöhnlich in einer ersten Grundsatzpredigt – oder sollte man eher von Realismus sprechen? Der amerikanische Pontifex griff jedenfalls bei seiner Analyse, wie der christliche Glaube in der heutigen Welt dasteht, nicht zum Weichzeichner und versuchte auch keine Ausweichbewegung ins Appellative.

»Bemerkenswert an diesen beiden Haltungen«, so fuhr er vielmehr fort, »ist ihre Aktualität. Sie verkörpern nämlich Vorstellungen, die wir leicht – vielleicht in einer anderen Sprache, aber im Wesentlichen gleich – in den Mündern vieler Männer und Frauen unserer Zeit wiederfinden können. Auch heute wird der christliche Glaube in nicht wenigen Fällen als etwas Absurdes angesehen, als etwas für schwache und wenig intelligente Menschen; vielfach werden andere Sicherheiten wie Technologie, Geld, Erfolg, Macht und Vergnügen bevorzugt. Es handelt sich um Umfelder, in denen es nicht leicht ist, das Evangelium zu bezeugen und zu verkünden, und in denen Gläubige verspottet, bekämpft, verachtet oder bestenfalls geduldet und bemitleidet werden.« Doch gerade deshalb seien dies »Orte, die dringend der Mission bedürfen«, so der Papst. Denn der Mangel an Glauben habe oft dramatische Begleiterscheinungen: »dass etwa der Sinn des Lebens verlorengeht, die Barmherzigkeit in Vergessenheit gerät, die Würde des Menschen in den dramatischsten Formen verletzt wird, die Krise der Familie und viele andere Wunden, unter denen unsere Gesellschaft nicht unerheblich leidet«.

So weit, so besorgniserregend. Doch Leo drehte die Schraube noch etwas enger. Es seien nicht nur die »Welt«, die »einfachen Menschen« oder die moderne Spaßgesellschaft, die Jesus »auch heute bloß als eine Art charismatischer Anführer oder Übermensch« sähen – sondern auch »viele Getaufte«. So schonungslos formuliert, konnte es an das teilweise manichäische Weltbild des hl. Augustinus erinnern (»manichäisch« war eine Denkrichtung der Antike, die scharf zwischen Gut und Böse, zwischen einem hellen Gottesreich und einem Reich der Finsternis unterschied). Und es klang so gar nicht nach der »Kirche für alle«, die der Vorgänger Franziskus proklamiert und auf die sich doch auch Leo keine 24 Stunden zuvor bezogen hatte, als er auf dem Balkon des Petersdoms von einer Gemeinschaft der Glaubenden geträumt hatte, die »stets offen ist, alle mit offenen Armen aufzunehmen, so wie dieser Platz, alle«. Aber dem Papst war es mit seiner Analyse ernst. Man dürfe sich die Welt und die Christenheit nicht schönreden, lautete der Subtext, sondern man müsse von der Lage ausgehen, wie sie nun einmal sei, und trotzdem die Energie zu missionarischer Verkündigung finden.

»Dies ist die Welt, die uns anvertraut ist und in der wir, wie Papst Franziskus uns so oft gelehrt hat, berufen sind, den freudigen Glauben an Jesus, den Erlöser, zu bezeugen.« Ohne sich irremachen zu lassen – und deshalb war es für Leo so wichtig, sich zunächst einmal des eigenen Glaubensfundaments zu versichern. Es sei »unerlässlich, immer neu zu bekennen: ›Du bist der Christus, der Sohn des lebendigen Gottes.‹ Das ist vor allem in unserer persönlichen Beziehung zu ihm von wesentlicher Bedeutung, im Bemühen um einen täglichen Weg der Umkehr.« Er sage das auch mit Blick auf sich selbst, so der neugewählte Bischof von Rom.

Und dann noch so ein ernster Satz: Alle, die in der Kirche ein Leitungsamt ausüben, seien dazu gehalten, »zu verschwinden, damit Christus bleibt; sich klein zu machen, damit er erkannt und verherrlicht wird«. Das gemahnte nun wieder sehr an Bergoglio, der in einer Frühmesse 2020 gegen Klerikalismus vom Leder gezogen und in diesem Zusammenhang geäußert hatte, es gebe »keine Demut ohne Demütigung«.

Die Philippika des Leo hatte zum Auftakt dieses Pontifikats einen unerwartet ernsten Ton angeschlagen; aber sein erster Auftritt seit seiner Balkonszene war sie nicht. Am Donnerstagabend nämlich, also noch am Tag der Wahl, war der neue Pontifex überraschend im *Palazzo del Sant'Uffizio* gleich neben dem Petersplatz aufgetaucht, in dem er seit einigen Wochen seine Wohnung hatte, und hatte sich im Hof des Gebäudes mit den Nachbarn unterhalten. Die Handyfotos von dem Plausch fanden natürlich umgehend ihren Weg ins inzwischen wieder verfügbare Netz. Ein Mädchen namens Michela bat ihn um ein Autogramm in ihre Bibel; da stutzte er zunächst. »Ich muss meine neue Unterschrift noch ein bisschen üben – die alte brauche ich ja nicht mehr.« Vermutlich hat Michela jetzt in ihrer Bibel die historische erste Signatur des neuen Papstes. Hält man nun das fröhliche Treffen mit den Nachbarn und die schonungslose erste Predigt nebeneinander, dann ergibt sich ein gemischtes Bild. Leo kann offenbar beides. Zwanglos plaudern mit Bekannten. Und eindringlich mahnen bei Kardinälen.

Am 9. Mai traf er seine ersten Entscheidungen: Alle Kurienchefs wurden, wie in einem solchen Moment üblich, bis auf Weiteres in ihren Ämtern bestätigt, und die Messe zur Amtseinführung auf dem Petersplatz wurde auf den 18. Mai, einen Sonntag, gelegt. Damit ließ sich der Neue also mehr Zeit als seine Vorgänger, vielleicht um auch Menschen aus seinen beiden Amerikas die Chance zu geben, noch rechtzeitig Flüge zu buchen.

Mit Ausnahme der Messe in der Sixtinischen Kapelle war von Prevost am Tag nach seiner Wahl nichts zu sehen und zu hören. Aber die Medien waren ja auch vollauf damit beschäftigt, Weggefährten des neuen Papstes ausfindig zu machen und zu interviewen, damit sich die Welt ein Bild machen konnte vom Unerwarteten. Auch wie es geschehen konnte, dass sich das Konklave so schnell und so überraschend entschieden hatte, war in diesen Stunden Gegenstand vieler medialer Spekulationen und Indiskretionen – wobei das eine vom anderen kaum zu unterscheiden war, denn natürlich gab sich kein Kardinal dazu her, ganz offen über das, was sich hinter verschlossenen Türen ereignet hatte, Auskunft zu geben und damit womöglich die Exkommunikation über sein Haupt zu bringen. Alles blieb also in der Grauzone des »Man sagt, dass« …

Was sagte man? Man sagte, dass der Favorit Parolin bei der ersten Abstimmung viel schwächer dagestanden habe als erwartet. Dass hingegen Prevost im ersten Durchgang schon auf Platz zwei gelandet sei – weil in der Tat einige »Königsmacher« in den Tagen des Vorkonklaves für ihn geworben hätten. Wieder kursierte der Name Reinhard Marx, der Münchner. Der habe von Prevost während der Auseinandersetzung um den deutschen »Synodalen Weg« einen guten Eindruck bekommen, und er gehe außerdem davon aus, dass der Amerikaner mit Geld umgehen könne und dass unter einem Chicago-Papst auch die Spenden aus den USA nach Rom wieder etwas üppiger fließen dürften. Ein wichtiger Punkt in den Augen des Kardinals, der ja einer der Verantwortlichen für die Kontrolle der Vatikanfinanzen ist. Auch andere »Königsmacher« spielten in diesen »Man sagt, dass«-Darstellungen des Konklaves eine Rolle, namentlich der konservative New Yorker Timothy Dolan, aber auch der aus Malta gebürtige Reformer Mario Grech. Schon im zweiten Wahlgang am Morgen des 8. Mai habe Prevost jedenfalls Parolin überrundet, und schon im dritten Wahlgang sei der Amerikaner der Zwei-Drittel-Hürde einigermaßen nahegekommen, weil er auf unterschiedliche Lager überzeugend gewirkt habe. Wie gesagt: Spekulationen. Aber trotzdem interessant. Vor allem, weil sie nahelegten, dass dieser

Richtlinienkompetenz: erste Orientierung für die Kardinäle in der Synodenaula (10. Mai 2025).

Pontifex sich auf einen breiten Konsens unter den Kardinälen stützen konnte. Das gab ihm Beinfreiheit.

Er schien diese Beinfreiheit allerdings nicht gleich auszutesten, sondern Vorsicht walten zu lassen. Das sah man am Samstag, 10. Mai, als er ein weiteres Mal auf die Kardinäle traf. Statt der freskengeschmückten *Sala Clementina* im Apostolischen Palast hatte er sich für ein eher geschäftsmäßiges Ambiente, nämlich die vatikanische Synodenaula entschieden, die ein wenig an einen Parlamentssaal erinnert. Und diese Ortswahl hatte, wie schnell deutlich wurde, damit zu tun, dass er noch einmal eine Aussprache mit den Kardinälen durchführen wollte – »so, wie viele von euch es sich gewünscht haben«. Die Aussprache sollte, wie schon die Generalkongregationen des Vorkonklaves, die im selben Raum getagt hatten, vertraulich bleiben. Es gehe darum – mehr sagte der Papst öffentlich nicht darüber –, »zu hören, welche Ratschläge, Empfehlungen, Vorschläge und ganz konkreten Dinge es gibt, über die in den Tagen vor dem Konklave schon ein bisschen gesprochen wurde«.

Man kann diese Debatte der Purpurnen mit dem Papst als Indiz dafür nehmen, dass Leo XIV. stärker als seine Vorgänger auf Kollegialität und Beratung setzen wird. Es spricht jedenfalls für einen kollegialen Stil, dass er dem Wunsch der Kardinäle nach einer weiteren Beratungsrunde willfahrte, statt sich als großen Entscheider in Szene zu setzen und »L'Église, c'est moi« zu rufen. Auch in seiner Rede – welche er in einem »offiziellen«, noch nicht geheimen Teil der Begegnung verlas – ging Leo auf die Kardinäle zu, indem er sie als »die engsten Mitarbeiter des Papstes« titulierte. »Und das ist ein großer Trost für mich, wenn ich nun ein Joch auf mich nehme, das meine Kräfte und die eines jeden Menschen bei weitem übersteigt. Eure Anwesenheit erinnert mich daran, dass der Herr, der mir diese Aufgabe anvertraut hat, mich bei der Übernahme dieser Verantwortung nicht allein lässt.«

An seine etwas düstere Analyse vom Vortag knüpfte der Papst (der nicht mehr das goldene Brustkreuz vom Balkon trug, sondern ein silberfarbenes Kreuz im Franziskus-Stil) nicht an. Stattdessen wollte er diese Tage zwischen dem Tod des Franziskus und seiner Wahl »in das Licht des Osterfestes gehüllt« wissen. Außerdem verstand er sich zu einer Demutsgeste ganz im Stil des verstorbenen Pontifex. »Der Papst, vom heiligen Petrus bis hin zu mir, seinem unwürdigen Nachfolger, ist ein einfacher Diener Gottes und seiner Brüder und Schwestern, und nichts anderes als dies. Das sieht man schön an den Beispielen vieler meiner Vorgänger, wie zuletzt an Papst Franziskus: an seinem hingebungsvollen Dienst und seinem nüchternen, auf das Wesentliche bedachten Lebensstil.« Auf diesem Weg wolle er weitergehen – es sei der Weg, »den die Weltkirche seit Jahrzehnten in der Folge des Zweiten Vatikanischen Konzils eingeschlagen hat«. Kein ganz belangloses Statement, dieses Bekenntnis zum Konzil; denn das »flüssige Schisma« in der Kirche, von dem mit Blick auf die USA an früherer Stelle schon die Rede war, hängt nicht unwesentlich damit zusammen, dass nicht alle Katholiken die Öffnungen des Konzils zur Moderne sowie die auf dem Konzil fußende Liturgiereform akzeptieren wollen.

Auffallend war, dass Leo – wie bei seiner vorigen Begegnung mit den Kardinälen in der Sixtina – in dem, was er sagte, kaum einmal die katholischen Binnengewässer verließ. Das änderte sich erst in dem Moment, als er die Wahl seines Papstnamens erläuterte: Ja, diese Entscheidung hänge »in erster Linie« damit zusammen, dass Leo XIII. »mit der berühmten Enzyklika ›Rerum novarum‹ die soziale Frage im Zusammenhang mit der ersten großen industriellen Revolution angesprochen hat. Und heute«, so fuhr der neue Papst fort, »bietet die Kirche allen den Schatz ihrer Soziallehre an, um auf eine weitere industrielle Revolution und auf die Entwicklungen der Künstlichen Intelligenz zu antworten, die neue Herausforderungen im Hinblick auf die Verteidigung der Menschenwürde, der Gerechtigkeit und der Arbeit mit sich bringen.« Weiter ließ er sich über das Thema Menschenwürde und soziale Gerechtigkeit nicht aus; eine eigentlich erstaunliche Zurückhaltung für einen Mann, der einmal Bischof in einem armen lateinamerikanischen Bistum gewesen ist. Offenbar hielt er den Moment noch nicht für gekommen, um wie einst Franziskus (»Diese Wirtschaft tötet!«) zu einer Rundumkritik an einem globalen Wirtschaftssystem auszuholen, das ganze Völker ausbeutet.

Erste Schritte eines Papstes, und auch ein erster Ausflug. Am Samstagabend verließ Leo XIV. erstmals den Vatikan, unangekündigt; ein schwarzer Volkswagen (etwas größer und schicker als die Modelle, die Franziskus gewöhnlich benutzt hatte) brachte ihn in das Örtchen Genazzano außerhalb von Rom, wo die Augustiner eine Wallfahrtskirche mit einem mittelalterlichen Gnadenbild betreuen, Mutter mit Kind. Die »Mutter des guten Rates«. Ihre Verehrung hatte der dreizehnte Leo gefördert, indem er die entsprechende Anrufung in die »Lauretanische Litanei« aufnahm, und ihr war ja auch Prevosts Heimat-Ordensprovinz geweiht; schon 2001 hatte er kurz nach seinem Aufstieg zum Generalprior vor dem Gnadenbild gebetet. Nun führte ihn also sein erster Gang als Papst hierhin. Kurzes Gebet, ein *Ave Maria,* ein paar freundliche Worte zu den Bewohnern des Orts, die sich auf dem Vorplatz der Basilika drängten, dann fuhr er wieder zurück nach Rom. Allerdings nicht, ohne noch einen Abstecher zu einer weiteren Marienkirche zu machen, zur Basilika *Santa Maria Maggiore* nämlich im Zentrum der Ewigen Stadt. Hier legte er am Grab seines Vorgängers Franziskus, der genau 14 Tage zuvor in einer Wandnische des Langhauses der Basilika beigesetzt worden war, eine weiße Rose nieder.

Eine einfühlsame Geste. Denn Franziskus war ein Anhänger der »kleinen« hl. Theresia von Lisieux (1873–1897) gewesen, und die hatte einmal ihren Mitschwestern im Orden versprochen, nach ihrem Tod Rosen regnen zu lassen. Mit seiner Rose erwies Leo aber nicht nur dem verstorbenen Papst seine Reverenz. Er zeigte nebenbei, dass er sich im kirchlichen Koordinatensystem der Zeichen und Andeutungen zu bewegen weiß. Nicht die geringste Qualität in einem Amt, dessen »Macht« sich vor allem aus dem Symbolischen nährt.

Von vergleichbarer Symbolkraft war dann auch, wie der Papst in den Sonntag startete: Er feierte unangekündigt, im kleinen Kreis, eine Messe in den vatikanischen Grotten gleich unter dem Petersdom. Oben die tonnenschwere, hohe Basilika mit der Kuppel des Michelangelo, unten ein kellerartiges Gewölbe mit vergleichsweise niedriger Decke und ohne direktes Tageslicht. Hier unten sind nicht nur zahlreiche Päpste beigesetzt, darunter Benedikt XVI., Johannes Paul I. und Paul VI.; hier befindet man sich vor allem in unmittelbarer Nähe zu dem Grab, in dem der

Besuch am Franziskus-Grab in Santa Maria Maggiore.

Tradition zufolge der hl. Petrus nach seinem Martyrium im Zirkus des Nero um das Jahr 65 herum bestattet worden ist. Ausgrabungen unter der Basilika haben tatsächlich seit 1940 einen antiken Friedhof zutage gefördert, in dem sich neben zahlreichen paganen Mausoleen auch frühchristliche Gräber befinden; und eines davon, um das sich viele Christengräber gedrängt herumgruppieren, könnte durchaus die letzte Ruhestätte dieses Apostels sein, der einst mit Jesus in Galiläa über die Dörfer zog. Und der am Anfang der offiziellen Papstliste steht.

Der 266. Nachfolger des Petrus zelebrierte in den Grotten zusammen mit einigen Priestern, darunter seinem Nachfolger im Amt des Augustiner-Generalpriors, und hielt eine Stegreifpredigt auf Englisch und Italienisch. Darin nahm er ein Phänomen aufs Korn, das vor allem Kirchenverantwortlichen in westlichen Gesellschaften schlaflose Nächte bereitet, nämlich den Mangel an geistlichen Berufungen. War das ein Anknüpfen an sein ungeschöntes Lagebild aus der Sixtina? Nur bedingt. Denn Leos Tonfall war ein anderer. Optimistischer. Doch, man könne durchaus etwas tun gegen die Berufungskrise, ließ er wissen. »In erster Linie, indem wir mit unserem Leben ein gutes Beispiel geben. Indem wir die Freude des Evangeliums mit Freude leben. Indem wir andere nicht entmutigen, sondern nach Wegen suchen, junge Menschen zu animieren, auf die Stimme des Herrn zu hören.« Und dann schaltete er noch einen Gang höher, sozusagen in den Johannes-Paul-II.-Modus, denn die Predigten des polnischen Papstes waren häufig ein dichtes Gewebe von Ausrufezeichen gewesen. Das Wichtigste sei, so rief Leo XIV., »das Evangelium der ganzen Welt zu verkünden. Mutig! Ohne Furcht! So oft sagt Jesus im Evangelium: ›Habt keine Angst!‹« Das erinnerte sofort an eine berühmte Szene aus dem Jahr 1978. Damals hatte Papst Johannes Paul II. bei seiner Amtseinführung auf dem Petersplatz den Ruf »Habt keine Angst!« ausgestoßen – und mitten im Kalten Krieg viele Menschen aufhorchen lassen, vor und hinter dem Eisernen Vorhang, der damals die Welt teilte.

Hier hätte die Predigt enden können. Das tat sie aber nicht; stattdessen lenkte Leo XIV. in einen spirituelleren Tonfall zurück. »Wie wichtig ist es, zuzuhören«, sagte er. Vor allem dem Herrn zuzuhören, aber auch den Mitmenschen. »Zu wissen, wie man Brücken baut, wie man zuhört. Um nicht zu urteilen. Um nicht Türen zu verschließen und zu denken, dass wir die ganze Wahrheit haben und niemand anderes uns etwas sagen kann.«

So ähnlich hätte das auch Franziskus, der Papst des Synodalen, formuliert. Es schien aber tatsächlich auch eine zentrale Eigenschaft des Neuen zu sein, es passte zu seinem bedächtigen Wesen und zu seiner augustinischen Spiritualität.

8
»Am Ende ist der Papst doch katholisch«

Es zeigen sich Konturen

Das Jahr 2025 ist ein sogenanntes Heiliges Jahr. Papst Franziskus hat es an Heiligabend 2024 eröffnet, indem er im Rollstuhl durch die bronzene *Porta Sancta* in den Petersdom einzog, und seitdem wallt ein ständiger Strom von Pilgern von der Piazza Pia an der Engelsburg über die Via della Conciliazione auf Sankt Peter zu und durch die offenstehende Heilige Pforte in die Basilika hinein. »Pilger der Hoffnung« heißt das Motto des Großereignisses, zu dem die Stadt Rom (unter anderem mit EU-Geldern) ihre marode Infrastruktur ein wenig aufgemotzt hat, und der Trubel von Papsttod und -beerdigung, von Konklave und Neuwahl hatte auf das fromme Treiben der Wallfahrer fast keine Auswirkungen.

Der Zufall will es nun, dass an diesem Sonntag, dem 11. Mai, dem ersten nach der Wahl von Leo XIV., die Heilig-Jahr-Feier der Musikkapellen stattfindet – eines der vielen »Sonder-Jubiläen« für bestimmte Zielgruppen, die über das ganze Jahr verstreut sind. Folglich ziehen am Sonntagvormittag Dutzende von Bands und Musikgruppen mit Posaunen und Tschingderassabum durch die Stadt zum Petersplatz, viele von ihnen in Uniform, bayerische Bläser und mexikanische Mariachi. Es wird eng in den Straßen, die zum Vatikan führen, und der Lärmpegel ist ohrenbetäubend;

zugleich aber verleiht die Musik diesem ersten sonntäglichen Mittagsgebet des Papstes ein besonders festlich-ausgelassenes Gepräge. Platzkonzert an St. Peter! Etwa 13.000 Musiker sollen sich im Rund der Kolonnaden drängen, heißt es, aber es sind noch sehr viel mehr Nichtmusiker anwesend und treten einander fast auf die Füße. Ich bin ein bisschen zu spät losgelaufen und schaffe es nur mit viel Glück bis auf die Piazza.

Pünktlich um zwölf Uhr öffnet sich der rote Vorhang über dem Mittelbalkon von Sankt Peter, und Leo taucht auf. Sein Gang hat etwas schlendernd Informelles; wenn etwas den Amerikaner verrät, dann dies. Weißes Gewand, silberfarbenes Brustkreuz – die päpstliche Alltagskleidung. Er winkt, als hätte er das immer schon getan, seine Bewegungen haben nichts Unsicheres; erstaunlich, wie schnell der Mann ins neue Amt gefunden hat. Heftiger Applaus und »Le-o-ne-Le-o-ne«-Rufe begrüßen ihn. Der Papst verliest routiniert einen Text zum Sonntag des Guten Hirten, der nicht so klingt, als ob er ihn selbst geschrieben hätte. Er vergisst auch nicht einen Gruß an die Volksmusiker unten auf dem Platz sowie eine freundliche Erwähnung seines Vorgängers und weicht nur an einer Stelle von seinem Manuskript ab. »Zu den jungen Menschen sage ich: Habt keine Angst! Nehmt die Einladung der Kirche und Christi, des Herrn, an!« Da ist es wieder, dieses »Habt keine Angst«, das durch Johannes Paul II. zum Refrain des Papsttums geworden ist. Leo weiß es effektvoll einzusetzen; in gewisser Hinsicht hat er das ja am Morgen dieses Tages in seiner Predigt in den Grotten von Sankt Peter vor kleinem Publikum schon einmal geübt.

Das »Regina Coeli« *(Freu dich, du Himmelskönigin)*, das in der Osterzeit an die Stelle des »Angelus« *(Engel des Herrn)* tritt, singt der Papst vor; eine sichere Stimme. Danach folgen noch einige kurze Appelle und Anmerkungen zu aktuellen Geschehnissen, die ihm das Staatssekretariat vorbereitet haben wird: 80 Jahre Ende des Zweiten Weltkriegs, Ukraine-Krieg, Gaza, Muttertag. Wieder fällt eine gewisse Pointensicherheit des neuen Pontifex auf; als er ausruft »Nie wieder Krieg!« – und damit einen bekannten Appell seines Vorgängers Paul VI. (1963–1978) vor der UNO wiederholt –, wartet er den Applaus ab. Dieser Papst will, wie seine Vorgänger, eine Stimme der Menschenrechte sein; und zugleich ist er jemand, der vorbereitete Texte weitgehend respektiert und kaum davon abweicht, das spricht für Selbstdisziplin. Am Schluss wünscht er »Schönen Sonntag« – und nicht »Guten Appetit beim Mittagessen« wie sein verstorbener Vorgänger.

Auf der Rückkehr vom Petersplatz ins Büro (Vatikan-Journalisten müssen leider häufig sonntags arbeiten) denke ich, während die Blaskapellen wieder loslegen, ein wenig über diesen Überraschungspapst nach. Es ist offensichtlich, dass er sich stärker als Franziskus oder weiland Johannes Paul auf die Institution stützt, statt sich auf sein persönliches Charisma zu verlassen. Dennoch, dieses Charisma ist da, und er versteht es im Kontakt mit der Menschenmenge bewusst einzusetzen. Frappierend ist dabei seine Gabe, die Register zu wechseln: vom gesichtslosen Platzhalter der Idee ›Papst‹ mit 1980er-Jahre-Brille hinüberzuzappen zu den Mobilisierungskünsten eines politischen oder sozialen Führers.

Chamäleon Leo? Dass er so beredt die Bedeutung des »Zuhörens« betont, könnte im Umkehrschluss bedeuten, dass er gern mal mit seiner eigenen Position hinterm Berg hält. Die mutmaßlich starken sozialen Überzeugungen, die ein Erbe seiner

Jahrzehnte in Peru sind, drückt er hauptsächlich durch seinen Papstnamen aus, drängt sie aber ansonsten niemandem auf, bisher jedenfalls. Sein »Kirche-für-alle«-Narrativ, das er mit dem Messiasbekenntnis des Petrus kurzschließt, stellt vordergründig alle Strömungen in der Kirche zufrieden; doch kann er nicht überhören, dass viele nach dem Pontifikat des Franziskus, das nicht frei war von Zweideutigkeit und Widersprüchen und Wirbel, jetzt die Rückkehr zur Ruhe und zu einer vermeintlichen Eindeutigkeit der Lehre fordern. Besonders vernehmlich tut dies in diesen Tagen der deutsche Erzbischof Georg Gänswein, früherer Sekretär von Benedikt XVI., dann zeitweise vom Nachfolger kaltgestellt, seit 2024 schließlich päpstlicher Nuntius in Vilnius: Eine Phase der Willkürlichkeit sei jetzt zu Ende gegangen, und er nehme darob eine »weit verbreitete Erleichterung« wahr. Angesichts der »starken Spannungen« in der Kirche und der »schrecklichen Konflikte« in der Welt seien von nun an wieder »Klarheit in der Lehre« und »Stabilität« angesagt. »Die Verwirrung dieser Jahre muss überwunden werden.« Leo habe durch die Wahl seines Namens und seiner Kleidung gezeigt, »dass es keine Kontinuität geben wird, sondern eine völlig neue Phase«. Hat er das? Oder lässt sich dieser Papst gar nicht so einfach in die Karten gucken?

Mit Sicherheit bemüht sich Leo darum, nach dem franziskanischen Ausnahmepontifikat eine gewisse Rückkehr zur Normalität zu markieren. Aber zurückgeworfen in die Ära Benedikt XVI. sind wir jetzt auch nicht. Es ist tatsächlich, wie Gänswein sagt, eine »völlig neue Phase«; hier entsteht gerade etwas Neues. Und man wird in Ruhe beobachten dürfen, wie sich dieses Neue allmählich entfaltet. Der Schweizer Kurienkardinal Kurt Koch, Verantwortlicher für das vatikanische Ökumene-Portefeuille, rät in einem Interview in den Frühlingstagen des neuen Pontifikats dazu, sich von Leos Konsens- und Harmoniebedürftigkeit nicht täuschen zu lassen; sein Zuhören bedeute nicht, dass er keine Haltung habe. »Er hat einen klaren Standpunkt, den er nicht aufdrängt. Er will Konsens.« Man solle sich jetzt – das sagt er vor allem mit Blick auf Reaktionen aus Deutschland auf die Papstwahl – keine überzogenen Hoffnungen auf schnelle Veränderungen machen und man dürfe Leo erst recht nicht für die eigene Agenda »vereinnahmen«. Nach einer Weile werde sich nämlich herausstellen, »dass der Papst am Ende doch katholisch ist«.

Jeder Tag, der kommt und vergeht, lässt die Konturen des nordamerikanischen Pontifikats etwas deutlicher hervortreten. Als Leo entscheidet, die bisherige Präsenz des Papstes in den Sozialen Medien fortzuführen, bedeutet das nicht einfach »business as usual«, denn seit der Besitzer des Netzwerks X, Elon Musk, zum Trump-Team in Washington gehört und mit der Kettensäge Einsparungen in den Regierungsbehörden durchzusetzen versucht, haben viele Nutzer aus Protest X verlassen. Auch im Vatikan denkt man darüber seit Monaten nach, hinter den Kulissen. Leo beschließt nun, am päpstlichen X-Account festzuhalten, und dazu wird ihn nicht nur die Reichweite der neun @Pontifex-Accounts und von @Franciscus bewogen haben (27 Milliarden Aufrufe allein im Corona-Jahr 2020). Vielmehr wird hier seine Absicht deutlich, die Botschaft des Evangeliums gerade in einem schwierigen Umfeld nicht verstummen zu lassen. Wie er es in der Sixtina den Kardinälen gegenüber geäußert hatte: »Dies ist die Welt, die uns anvertraut ist und in der wir … berufen sind, den freudigen Glauben an Jesus, den Erlöser, zu bezeugen.« Die Welt ist, wie sie ist, sollte das heißen. Aber davon lassen wir uns nicht einschüchtern.

Nicht auf X, sondern ganz klassisch auf Papier schickt der neue Papst an einem der ersten Tage im Amt eine Botschaft an die jüdische Gemeinde Roms, in der er Dialog und Zusammenarbeit verspricht. Auch das ist nur auf den ersten Blick eine Fortschreibung dessen, was auch die Vorgänger nach ihrer Wahl getan haben, denn seit dem Ausbruch des Gaza-Kriegs im Herbst 2023 ist das Verhältnis von Judentum und Staat Israel auf der einen sowie dem Vatikan auf der anderen Seite – ein ohnehin schon schwieriges Verhältnis – starker Belastung ausgesetzt. Aus Jerusalem ist der Vorwurf zu hören, dass Papst Franziskus und sein Kardinalstaatssekretär Parolin das Massaker von Hamas-Terroristen an Juden im Süden Israels nur verspätet und halbherzig verurteilt, das israelische Vorgehen in Gaza hingegen als unverhältnismäßig dargestellt, ja in die Nähe des Völkermords gerückt hätten. Es hat denn auch mehrere Tage gedauert, bis sich das Büro des israelischen Premiers Benjamin Netanjahu nach Franziskus' Tod zu einer Beileidsbekundung bereitfand. Roms Oberrabbiner Riccardo Di Segni war zu Franziskus' Beerdigung erschienen, obwohl sie an einem Sabbat stattfand; als nun Prevosts pontifikale Wahlanzeige bei ihm eintraf, kündigte er an, auch zur Amtseinführung des neuen Papstes zu kommen. Da geht wieder was.

Natürlich ist es unter den jetzigen Umständen illusorisch, eine baldige Reise von Leo XIV. ins Heilige Land für möglich zu halten; dafür wird sich die Lage dort erst ein wenig beruhigen müssen. Kaum vorstellbar, dass der amerikanische Papst ein Zettelchen mit einem Friedensgebet in die Ritzen der Klagemauer schiebt, während gleichzeitig Bomben auf den Gazastreifen niedergehen. Andere Reisen hingegen zeichnen sich bereits ab. »Ihr werdet bald von mir hören in Peru«, sagt Leo bei einer Audienz für Medienschaffende zu einer Journalistin aus seiner zweiten Heimat, und es ist gut vorstellbar, dass dieser Papst der drei Pässe (USA, Peru, Vatikan) schon bald nach Lateinamerika fliegen wird – und erst später nach Washington. Die Tatsache, dass er bei seiner Balkonszene auch ein paar Worte auf Spanisch, aber eben nicht auf Englisch gesprochen hat, macht hinreichend deutlich, wo seine Prioritäten liegen. Leo, der Sozialpapst, der von Lateinamerika aus zu einer gerechteren Weltordnung aufruft … Schon Franziskus hatte seiner Visite in den USA 2015 vier Tage auf Kuba vorgeschaltet. Ein Signal, das auch im Weißen Haus sehr wohl verstanden wurde.

Die Türkei wird wohl ebenfalls zu Leos ersten Reisezielen gehören. Nicht nur, weil seit Paul VI. neugewählte Päpste aus Gründen der ökumenischen Landschaftspflege dem Ökumenischen Patriarchen von Konstantinopel in Istanbul ihre Aufwartung zu machen pflegen. Sondern zusätzlich noch, weil – wie in unserem zweiten Kapitel schon erwähnt – im Jahr 2025 das 1700-Jahr-Jubiläum des ersten Konzils von Nizäa und damit gewissermaßen der Geburtstag des verbreitetsten christlichen Glaubensbekenntnisses gefeiert wird. In den Sternen steht hingegen, ob Leo auch eine Visite in Kiew plant. Der ukrainische Präsident Wolodymyr Selenskyj hat den Papst einige Tage nach der Wahl angerufen und eingeladen, doch wie Leo darauf reagierte, ist nicht überliefert. Franziskus hatte sich dem Drängen aus der Ukraine noch entzogen mit der utopischen Bedingung, er werde nur nach Kiew fliegen, wenn er von dort aus auch nach Moskau weiterreisen könne; dahinter hatte der Wunsch gestanden, nicht parteiisch zu wirken und sich durch eine Kiew-Visite nicht die Möglichkeit einer vatikanischen Vermittlung zwischen den Kriegsparteien zu verbauen. Aber es kann durchaus sein, dass Leo das anders sieht; in einem Interview aus dem Jahr 2022, als er noch in Chiclayo war und sich unbeobachteter aus dem Fenster lehnen konnte, soll Prevost den russischen Überfall aufs Nachbarland als »klare Invasion imperialistischer Natur« gebrandmarkt und das Recht der Ukrainer auf Selbstverteidigung bekräftigt haben. »Ein solcher Besuch würde allen Gläubigen und unserem ganzen Volk echte Hoffnung bringen«, insistiert Selenskyj.

Vielleicht hat Edgard Iván Rimaycuna Inga den Wunsch des tapferen Ukrainers ja schon in sein Notizbuch eingetragen? Der 36-jährige Priester aus Chiclayo ist der neue Privatsekretär Leos XIV. und hat mit diesem schon im Bischofsdikasterium zusammengearbeitet; er kennt den neuen Papst bereits seit fast 20 Jahren. Dass Leo einen Privatsekretär an seine Seite holt, wird im Vatikan und außerhalb aufmerksam registriert, denn das hatte Franziskus anders gehalten – der wollte die Kontrolle über seinen Terminkalender behalten und wechselte seine Assistenten häufig aus.

Doch der eigentliche Lackmustest, wie der nordamerikanische Papst es mit dem Erbe seines Vorgängers halten wird, ist – jedenfalls aus Perspektive der Medien – etwas ganz anderes: die Frage nämlich, wo Leo wohnen wird. In der *Casa Santa Marta* wie Franziskus? Oder doch wieder im Apostolischen Palast, wie üblicherweise alle Päpste der Neuzeit? So häufig wird die Frage aufgeworfen und in all ihren Facetten durchgespielt, dass man meinen könnte, hier stünde die Zukunft der Kirche auf dem Spiel. Ob sie nahbar bleibt, oder ob sie sich wieder – so das Klischee – in einen Elfenbeinturm zurückzieht.

Prevost / Leo hält sich in der Wohnungsfrage zunächst bedeckt. Er lässt lediglich am Sonntag nach seiner Wahl die Siegel brechen, mit denen die seit zwölf Jahren so gut wie ungenutzten Papstgemächer im *Palazzo Apostolico* nach Franziskus' Tod verschlossen worden sind, und bleibt fürs Erste in seiner Wohnung im Palast des Glaubensdikasteriums, wo er schon als Kardinal in den letzten Wochen untergebracht war. Allerdings darf man vermuten, dass der Papst einfach abwartet, bis alle nötigen Renovierungsarbeiten in den alten Räumen des Apostolischen Palastes durchgeführt worden sind, um dann dort einzuziehen: im Palast, nicht in *Santa Marta*. Damit würde er natürlich nicht signalisieren wollen, dass das Papsttum künftig wieder in die Entrückung abdreht. Stattdessen wäre es aus seiner Sicht ein Zeichen dafür, sich respektvoll in die allgemeine Linie der Päpste einreihen und nicht daraus hervorzustechen zu wollen. In demselben Geist hat Leo einen Papstnamen für sich ausgesucht, den schon andere vor ihm getragen haben, statt wie Franziskus selbstbewusst eine neue Namensreihe zu eröffnen. Als Abrücken von seinem Vorgänger wird Leo sein Agieren nicht verstanden wissen wollen; auch dem früheren Bischof von Chiclayo liegt daran, den Kontakt zu den Menschen nicht zu verlieren.

Vor allem auf seine Augustiner wird er sich auch künftig stützen wollen, ihre Gemeinschaft sucht er – das wird am 13. Mai deutlich, als er seinen alten Wirkungs- und Wohnort, das Hauptquar-

Leo XIV. betritt erstmals das päpstliche Appartement
im Apostolischen Palast (11. Mai 2025).

tier des Ordens in der Via Paolo VI, aufsucht. Er feiert die Messe mit den Mitbrüdern und bleibt auch noch zum Mittagessen. »Es war eigentlich wie immer«, erzählen sie hinterher, »ganz familiär; er hat auch ein bisschen über seine Emotionen angesichts der Papstwahl gesprochen.« Doch was genau er da offenbart hat, wollen sie gegenüber der Presse nicht ausplaudern, denn das habe er ihnen privat anvertraut. Nur, dass er zum Schluss gesagt habe, dass er »leider nicht jeden Tag« kommen könne. Dass das etwas sei, worauf er von nun an verzichten müsse. Die wenigen Meter vom Vatikan bis zu den Augustinern und zurück muss Leo im Auto zurücklegen, weil sofort eine Menschenmenge mit gezückten Smartphones zusammenläuft, vor allem Touristen.

Während die Vorbereitungen für die feierliche Amtseinführung des Papstes am 18. Mai auf dem Petersplatz anlaufen (Vance kommt, Merz kommt, King Charles ließ sich entschuldigen), beginnt Papst Leo XIV. mit dem Reigen der Audienzen. Am 12. Mai: die Medienschaffenden. Am 14. Mai: die Heilig-Jahr-Wallfahrer der katholischen Ostkirchen. Beide Male ist die vatikanische Audienzhalle bis auf den letzten Platz gefüllt und der Enthusiasmus groß (so groß, dass man im Fall der Journalisten schon an ihrer professionellen Distanz zweifeln muss), und beide Male spricht der neue *Pontifex Maximus* über das Thema Frieden, das also wirklich einen Grundakkord seines Pontifikats zu bilden scheint.

Vor den Medienschaffenden – früher hätte man einfach »Journalisten« gesagt – zitiert er die Seligpreisung Jesu »Selig, die Frieden stiften« (Matthäus 5,9) und befindet: »Diese Seligpreisung fordert uns alle heraus und gilt ganz besonders Ihnen«, ganz so, als hätte Jesus damals auf dem Berg wirklich an die, nun ja, Medienschaffenden gedacht. Aber Leo präzisiert dann gleich, worauf es ihm ankommt, nämlich »eine andere Art der Kommunikation, die nicht um jeden Preis auf Zuspruch aus ist, die nicht aggressive Worte benutzt, die nicht dem Prinzip des Wettbewerbs folgt«. Friede beginne »bei jedem von uns«, spinnt er den Faden weiter: »damit, wie wir auf unsere Mitmenschen blicken, ihnen zuhören, über sie sprechen«. Und darum muss nach seinem Dafürhalten auch in der Kommunikation der Friede das oberste Prinzip sein. »Wir müssen Nein sagen zum Krieg der Worte und Bilder, wir müssen das Paradigma des Krieges zurückweisen.«

Er geht auch auf die Themen Presse- und Meinungsfreiheit ein, auf Künstliche Intelligenz und Fake News; er fordert die Freilassung inhaftierter Journalisten und warnt – das ist derselbe Zungenschlag wie bei der Messe mit Kardinälen in der Sixtinischen Kapelle –, dass man vor der Herausforderung einer komplexen Zeit weder »davonlaufen« noch »der Mittelmäßigkeit nachgeben« dürfe. Dazu hat er ein beeindruckendes Zitat seines Haus-und-Hof-Heiligen Augustinus parat, nämlich »Lasst uns gut leben, dann werden die Zeiten gut sein – wir sind die Zeiten.« Und dennoch ist es vor allem seine Rhetorik von Krieg und Frieden, die hängenbleibt. »Entschärfen wir die Worte, und wir werden dazu beitragen, die Erde zu entwaffnen.« Das ist unmittelbar verknüpft mit dem, was er in seiner ersten Rede auf dem Balkon von Sankt Peter über den »unbewaffneten und entwaffnenden Frieden« gesagt hat.

Derselbe Duktus zwei Tage darauf bei den Ostkirchen. Nachdem er die Spiritualität und Liturgie seiner Gäste gewürdigt hat, beklagt er die Gewalt »vom Heiligen Land bis zur Ukraine, vom

Selig sind die Medienschaffenden (12. Mai 2025).

Libanon bis nach Syrien, vom Nahen Osten bis nach Tigray und in den Kaukasus«. Er wiederholt seinen Ruf vom Petersbalkon: »Friede sei mit euch!« und setzt eindringlich hinzu, dass der Friede Christi nicht »Grabesstille« meine, die nach einem Krieg herrsche, sondern Versöhnung und Neuanfang. »Ich für meinen Teil werde alles in meiner Macht Stehende tun, damit sich dieser Friede ausbreitet. … Die Völker unserer Welt sehnen sich nach Frieden, und an ihre Führer richte ich meinen inständigen Appell: Lasst uns zusammenkommen, lasst uns miteinander sprechen, lasst uns verhandeln! … Geschichte schreiben die Friedensstifter, nicht die, die Leid säen.« Auch dieses beherzte Angebot, als Vermittler in Kriegen und Konflikten bereitzustehen, verbindet den vierzehnten mit dem dreizehnten Leo (1878–1903); dieser vermittelte einst erfolgreich im Streit um eine Inselgruppe zwischen Preußen und Spanien.

Nach den Audienzen schüttelt der Papst noch einige Hände und verschenkt Rosenkränze, dann verlässt er die Audienzhalle forschen Schrittes durch den Mittelgang, ohne sich dabei aufhalten zu lassen. Ein paar Segensgesten nach rechts und links, ein Nicken hierhin und dorthin, doch ohne stehenzubleiben. Er wirkt, als hätte er noch einiges zu tun.

Und so ist es ja auch …

9
Lauter Baustellen

Was den neuen Papst erwartet

Wie wollen Sie ein Land regieren, in dem es 246 verschiedene Käsesorten gibt?«, soll der französische Staatschef Charles de Gaulle (1890–1970) einmal geseufzt haben. Mit dem gleichen Recht ließe sich heute fragen, wie ein Papst von Rom aus eine Weltkirche zusammenhalten soll, deren 1,4 Milliarden Mitglieder über den ganzen Globus verstreut und von den unterschiedlichsten Kulturen geprägt sind. Das Adjektiv »katholisch« bedeutet »allumfassend«, und tatsächlich gibt es in der »einen, heiligen, katholischen und apostolischen Kirche«, wie es das Glaubensbekenntnis formuliert, nichts, was es nicht gibt – von der Fondsmanagerin in Manhattan bis zum Hungerleider im Slum von Manila. 1,4 Milliarden Katholiken, das sind 1,4 Milliarden verschiedene Gesichter, Gefühle und auch Arten des Glaubens oder Zweifelns. Kann ein universeller Petrusdienst sie alle repräsentieren, ja auch nur erreichen?

Die Aufgabe eines Papstes spielt ins Unmögliche hinüber. Prinzip der Einheit zu sein funktioniert nur, solange alles im Ungefähren bleibt; wird Verbindlichkeit eingefordert, machen sich rasch Fliehkräfte bemerkbar und dann drohen Spaltungen. Ein Jorge Bergoglio wusste das und erwies sich in seinen zwölf Papstjahren vielleicht genau deshalb als Meister der Uneindeutigkeit; was der lutherische Theologe Oscar Cullmann (1902–1999) einmal »Einheit durch Vielfalt« nannte – damit brachte Cullmann seine ökumenische Vision auf eine Formel –, versuchte der argentinische Pontifex innerhalb der katholischen Kirche zum Leitprinzip zu erheben. So etwas muss allerdings nicht immer gutgehen. Für alle sichtbar stieß das Ineinander von Einheit und Vielfalt an seine Grenzen, als der Vatikan im Dezember 2023 die Segnung von aus römischer Sicht »irregulären«, also beispielsweise homosexuellen Paaren genehmigte. Auf einen Schlag verweigerten nahezu alle katholischen Ortskirchen auf dem afrikanischen Kontinent Rom offen den Gehorsam, und das, obwohl die Segenserlaubnis aus dem Vatikan mit zahlreichen Einschränkungen und Bedingungen verknüpft war. Anderen Katholiken wiederum, etwa in der deutschen Ortskirche, ging die Lockerung nicht weit genug. Bruchlinien also, wohin man sah; und das in einer Epoche, die ja ohnehin eine der Polarisierung und der Fragmentierung ist. Darum noch einmal: Wie soll unter solchen Umständen ein Papst seinen Laden zusammenhalten?

Das ist die wohl wichtigste Herausforderung, die sich dem Neuen stellt. Er muss das Menschenmögliche tun, um Schismen zu verhindern und zumindest eine gedachte, eine gefühlte Einheit zu schaffen. Eine, die Raum lässt für Diversität, für lokale Eigenheiten und Sonderwege. Die aber trotzdem echte Einheit ist. Dabei helfen Rituale und Gesten – Rituale, die fixe Punkte im Jahreslauf markieren wie der an Weihnachten und Ostern feierlich erteilte Segen »Urbi et orbi«. Hier werden Kontinuität und Dauer signalisiert, das beruhigt und erlaubt unseren von Krisen und Problemen aufgewühlten Zeitgenossen eine spirituelle Auszeit. Allerdings reicht das nicht, denn das Pontifikat von Franziskus hat viele offene Baustellen hinterlassen. Auf ihnen muss nun Papst Leo weiterbauen, und das wird nicht gehen ohne konkrete Entscheidungen.

Das schwierigste Dossier ist wohl das der Missbrauchsskandale: Sie brachen schon unter Johannes Paul II. (1978–2005) auf, zogen sich durch das Pontifikat Benedikts XVI. (2005–2013) und haben auch die Ära Franziskus (2013–2025) begleitet. Nichts hat die Glaubwürdigkeit der katholischen Kirche weltweit so massiv beschädigt wie diese grauenhaften Übergriffe: Priester, die sich an Kinder heranmachen. Kleriker, die Ordensfrauen vergewaltigen. Bischöfe, die Verbrechen unter den Teppich kehren und Kriminelle im Priesterrock einfach von einer Pfarrei zur nächsten versetzen. Nicht nur sexueller, sondern auch geistlicher Missbrauch – es gab und gibt ihn in vielen Formen, und die Vielzahl der Fälle wirft unangenehme Fragen zu wesentlichen Elementen des Katholischen auf, zum Priesterbild etwa oder zur Kontrolle von Macht – Fragen, denen in Deutschland der Reformprozess »Synodaler Weg« nachgegangen ist.

Nun kann man den beiden letzten Päpsten Benedikt und Franziskus nicht vorwerfen, dass sie das Problem nicht erkannt hätten oder ihm gegenüber untätig geblieben wären; vor allem im Kirchenrecht haben sie in dieser Hinsicht einiges präzisiert und verschärft. Doch wäre es, andererseits, eine Illusion zu glauben, dass das Thema Missbrauch eines Tages wieder verschwinden könnte aus den heiligen Hallen der Kirche. Nein, diesen Mühlstein wird die »Ecclesia semper reformanda«, die permanent der Erneuerung bedürftige Kirche, weiter um den Hals tragen (vgl. Matthäus 18,6), und auch künftig wird sie alle Kraft und Aufmerksamkeit aufbieten müssen, damit sich auch afrikanische und asiatische Ortskirchen des Problems bewusstwerden und sich auf Maßnahmen zur Prävention von Missbrauch und wider die Kultur des Schweigens einlassen. Selbst in Europa ist das Bild noch uneinheitlich; einige Ortskirchen zahlen den Überlebenden von Missbrauch Anerkennungs- oder Entschädigungsleistungen, und anderswo gibt es immer noch Bischöfe, die davon überzeugt sind, dass so etwas wie Missbrauch in ihrer Ortskirche gar nicht existiert, weil nicht sein kann, was nicht sein darf.

Papst Leo wird nicht nur an kirchenrechtlichen Schrauben gegen Missbrauch drehen, sondern auf einen innerkirchlichen Kulturwandel hinarbeiten müssen. »Natürlich gibt es große Unterschiede zwischen den einzelnen Kulturen, wie man in solchen Situationen reagiert«, sagte er in einem Interview im Jahr 2023. »In einigen Ländern wurde das Tabu, über dieses Thema zu sprechen, bereits ein wenig gebrochen, während es andere Länder gibt, in denen die Überlebenden oder deren Familien am liebsten niemals über den erlittenen Missbrauch sprechen wollen.« In jedem Fall sei Schweigen nicht die Lösung: »Wir müssen transparent und ehrlich sein, die Opfer begleiten und ihnen helfen, denn sonst werden ihre Wunden nie heilen. Daraus ergibt sich eine große Verantwortung für uns alle.«

Der massive Einbruch der Glaubwürdigkeit der Kirche ist nur Teil eines übergreifenden und schon länger anhaltenden Trends raus aus der Kirche, wie es ihn in vielen westlichen Gesellschaften von Westeuropa über Kanada und Australien bis Japan gibt. Die Kirchenbänke leeren sich, die Berufungen zum Priester- oder

Ordensleben sind im Sinkflug. Allein im Jahr 2022 hat eine halbe Million Menschen der katholischen Kirche in Deutschland den Rücken gekehrt, und in ganz Deutschland gab es 2024 nur 29 Priesterweihen. Nun ist zwar das Phänomen der Säkularisierung vielschichtig und schillernd, doch klar dürfte sein, dass das Modell der Volkskirche unumkehrbar versunken ist. Zwar gibt es immer wieder Meldungen, die sich ermutigend-gegenläufig anhören, etwa der für viele überraschende Anstieg von Erwachsenentaufen in der französischen Kirche des Jahres 2025, doch den Rückgang der Zahl der Taufen generell vermag das nicht zu kompensieren. Auch der Katholizismus in den Vereinigten Staaten, der Heimat des neuen Papstes, bedeutet bei näherem Hinsehen keine Ausnahme von der Regel, denn er wirkt zwar vitaler und gesellschaftlich präsenter als in Europa, doch dass die Zahl der US-Katholiken einigermaßen stabil bleibt, liegt vor allem an den Latino-Einwanderern. Selbst in »God's own country« stellen mittlerweile die Amerikaner, die sich zu keiner Religion bekennen, ungefähr 30 Prozent der Gesamtbevölkerung: ein ähnliches Bild wie in Westeuropa.

Franziskus, dem ersten lateinamerikanischen Papst, fehlte – darf man das so sagen? – die Antenne für die Kirchen-, ja Glaubenskrise in den westlichen Gesellschaften; er hat sich darum jedenfalls, anders als sein Vorgänger Benedikt, nicht sonderlich gekümmert. Dieser Papst war selbst Ausdruck der Tatsache, dass die einstmals reichen und tonangebenden Ortskirchen des Westens mittlerweile an die ideelle und geografische Peripherie der globalen kirchlichen *Community* gerückt sind. 1910 lebten noch zwei Drittel aller katholischen Gläubigen in Europa – heute ist es Lateinamerika, das ungefähr 40 Prozent der Katholiken beherbergt. Papst Leo kennt beide Welten, die alte und die neue Welt des Katholischen; man darf gespannt sein, inwiefern seine Wahl dem Glaubensleben auch in der Kirche des Westens wieder neues Leben einzuhauchen vermag. Übrigens stehen auch nicht-westliche Ortskirchen nicht immer makellos da: In Lateinamerika – darüber ist sich dieser Papst wie schon sein Vorgänger aus eigener Anschauung im Klaren – laufen viele Menschen von der katholischen zu einer Freikirche über, weil sie dort mehr Miteinander finden, mehr Teilhabe.

Damit sind wir bei einer weiteren Baustelle, derer sich Papst Leo wird annehmen müssen, nämlich einer stärkeren Verantwortung von Laien und, noch spezifischer, einer größeren Rolle von Frauen in der Kirche. Auf diesem Feld ist in der Ära Franziskus einiges in Bewegung geraten, vor allem im Vatikan selbst; erstmals in der Geschichte wurde eine Ordensfrau zur Kurienpräfektin, also (wenn wir so wollen) zur Ministerin ernannt, und bei seinem Tod war eine von vier Angestellten des Heiligen Stuhls weiblich. Es kam zudem einer Revolution gleich, dass mehr als 50 Frauen bei der Vollversammlung der Bischofssynode vom Herbst 2024 volles Stimmrecht hatten, denn hier wurde die traditionelle Bindung kirchlicher Leitungsgewalt an eine sakramentale Weihe gelockert. Ins Bischofsdikasterium berief Franziskus, kurz bevor Prevost dort das Ruder übernahm, drei Frauen als Mitglieder, und der Amerikaner arbeitete dem Vernehmen nach sehr gut mit ihnen zusammen und lobte öffentlich ihre wertvollen Beiträge. Doch vielen Frauen in der Kirche reicht so etwas nicht. Sie fordern die Weihe von Priesterinnen.

Und unter diesem Banner sammeln sich nicht nur Feministinnen. Auch Frauen, die jahrzehntelang die Kommunion zu Bettlägerigen gebracht haben, die Katechetinnen und tragende Säulen des Gemeindelebens sind, spüren Enttäuschung über ausbleibende Wertschätzung und die Hinhaltetaktik, die ihnen von amtskirchlicher Seite entgegenschlägt. Unter Franziskus sind Untersuchungen zu der Frage, ob zumindest eine Diakonenweihe für Frauen denkbar wäre, zu keinem konkreten Ergebnis gekommen, doch Kardinal Gianfranco Ravasi, früherer Kulturbeauftragter des Vatikans und einer der hellsten Köpfe im »Heiligen Kollegium«, machte schon 2017 kein Geheimnis daraus, dass er sich weibliche Diakone in der katholischen Kirche gut vorstellen kann. Zwar lässt sich das weibliche Unbehagen in der Kirche nicht nur auf die Ämter- und Weihefrage herunterbrechen; doch kann man sich auch nicht daran vorbeimogeln, etwa indem man versichert, eigentlich hätten doch alle Getauften die gleiche Würde und Ämter seien doch gar nicht so wichtig.

Der heutige Papst Leo hat sich vor einigen Jahren sehr skeptisch zur Hypothese einer Öffnung der Weiheämter für Frauen geäußert und vor einer »Klerikalisierung der Frauen« gewarnt. O-Ton Prevost: »Etwas, das auch gesagt werden muss, ist, dass die Weihe von Frauen … nicht unbedingt ein Problem löst, sondern vielleicht ein neues Problem schafft.« Was es in Wirklichkeit brauche, sei »ein anderes Verständnis von Führung, Macht, Autorität und Dienst. Vor allem Dienst.«

Hinter dem Ringen um eine stärkere Rolle von Laien und speziell von Frauen in der Kirche lauert eine ganz grundsätzliche Frage: Wie steht es denn generell um die christliche Willkommenskultur? Sind in den Rängen der Glaubenden wirklich »todos, todos, todos« (wie Franziskus zu seinen Lebzeiten mehrfach beteuerte, also »alle, alle, alle«) erwünscht und gerngesehen, oder sind Menschen, die nicht ganz den Ansprüchen genügen, eher geduldet als wertgeschätzt? Mit den Ansprüchen sind natürlich vor allem die moralischen gemeint: Das zielt auf die Geschiedenen, die wieder geheiratet haben, auf die Schwulen und Lesben. Das Pontifikat von Franziskus war stark pastoral akzentuiert, was dazu führte, dass der Papst 2013 mit Blick auf Homosexualität ausrufen konnte: »Wer bin ich, um zu urteilen?« – um im selben Atemzug aber auch zu betonen, er sei ein treuer Sohn der Kirche, sprich, er halte an der traditionellen Sexualmoral fest. Die katholische Weltkirche hat auf die Frage, ob sie homosexuell veranlagte Menschen wirklich in ihrer Würde respektiert, bislang genauso wenig eine Antwort gefunden wie auf die Frauenfrage.

›Aber das sind doch Luxusprobleme, die die Katholiken in nichtwestlichen Ländern gar nicht weiter umtreiben‹, lautet ein an diesem Punkt häufig geäußerter Einwand. ›Im globalen Süden haben die Gläubigen ganz andere Sorgen: Da geht es eher darum, wie man mit ein paar Pesos über den Tag kommt. Oder um die Diskriminierung durch ein islamisches oder hinduistisches Umfeld.‹ Das stimmt und stimmt auch wieder nicht; namentlich die Frauenfrage bewegt auch Menschen in armen Ortskirchen, am Amazonas wie am Victoriasee. Und abgesehen davon, dass es etwas Unlauteres hat, Ortskirchen gegeneinander auszuspielen, wo es doch eher um das Bemühen gehen sollte, voneinander zu lernen, kann sich das Luxusprobleme-Argument durchaus auch gegen die wenden, die es vorbringen – schließlich ist auch der

Streit um die sogenannte Alte Messe, so gesehen, ein ›Luxusproblem‹.

Was tun, um diese Fronten innerhalb des Katholizismus, die gemeinhin allzu plakativ als konservativ bzw. progressiv bezeichnet werden, aufzubrechen? Die Antwort, die das Buenos-Aires-Pontifikat darauf gegeben hat, geht so: Man muss beide Seiten miteinander ins Gespräch bringen und dabei darauf achten, dass sie einander wirklich respektvoll zuhören, einander nicht ins Wort fallen und im Gebet über das Gesagte nachdenken. Das meint das Zauberwort »Synodalität«, das Franziskus seiner Kirche ins Hausaufgabenheft geschrieben hat. Bei zwei Vollversammlungen im Vatikan, zuletzt im Herbst 2024, saßen denn auch Katholiken aus unterschiedlichsten Kontexten einträchtig an runden Tischen beisammen und waren ganz Ohr. Der deutsche Dogmatikprofessor musste den Klagen des vietnamesischen Reisbauern lauschen, und der afrikanische Kardinal durfte nicht mit der Wimper zucken, als die skandinavische Pastoraltheologin erzählte, dass sie in ihrer Heimatpfarrei sonntags selbstverständlich von der Kanzel predigt. Auch Kardinal Prevost, der jetzige Papst Leo, saß geduldig an einem dieser runden Tische und hörte zu.

Zwar erwies sich, dass die vom Papst ausgetüftelte Methode durchaus ihre Grenzen hatte; es gelang beispielsweise nicht, reformerische Reizthemen einfach auszusparen, wie er es sich gewünscht hatte. Doch kam tatsächlich zwischen verschiedenen innerkirchlichen Lagern ein Dialog in Gang, den es zuvor nicht gegeben hatte. Franziskus sprach in dieser Hinsicht von einem »Heilungsprozess«, durch den sich Auswege aus mancher Sackgasse finden ließen: »Die Begegnung verändert uns und zeigt uns oft neue Wege auf, die wir nicht für möglich gehalten hätten.« Dieser synodale Traum muss weiter mit Leben gefüllt werden – und diese Aufgabe fällt nun Papst Leo zu. »Es geht nicht nur um einen Prozess, es geht nicht nur darum, einige Dinge zu ändern, vielleicht mehr Treffen zu veranstalten, bevor man eine Entscheidung trifft. Es ist viel mehr«, hat er in seiner Zeit als Kardinal geäußert: »Wir müssen von einer Erfahrung, in der die Autorität spricht und damit alles klar ist, zu einer Kirchenerfahrung übergehen, die die Charismen, Gaben und Ämter in der Kirche zur Geltung kommen lässt.« Kardinal Kurt Koch bezweifelt allerdings, dass Leo unter Synodalität dasselbe versteht wie etwa das Führungspersonal der Kirche in Deutschland.

Auch mit seinem Apparat muss sich der Neue natürlich ins Benehmen setzen. Viele Päpste fremdelten mit der Kurie, allen voran Franziskus, der die Chefs der einzelnen Vatikanbehörden in seiner denkwürdigen Weihnachtsansprache von 2014 vor »geistlichem Alzheimer« und der »Krankheit der existenziellen Schizophrenie« warnte; kein Wunder, dass die hohen Herren wie vom Donner gerührt waren. Zwar spricht einiges dafür, dass Franziskus seine Suada gut jesuitisch als »Gewissenserforschung« gemeint hatte, nicht so sehr als Ausdruck seines Misstrauens gegenüber dem Vatikan; doch tatsächlich hatten ihn im Konklave 2013 viele Kardinäle gerade wegen seiner Distanz zu Rom gewählt, und Franziskus verwandte in seinen Amtsjahren viel Mühe darauf, beim Heiligen Stuhl und in der Vatikanstadt gründlich aufzuräumen. Da aber die kurialen Mühlen langsam mahlen und manche Mitarbeitende sich womöglich von päpstlicher Kritik brüskiert fühlten, glückte nicht jede Reform; manches ist steckengeblieben oder noch unvollendet, namentlich im Finanzwesen liegt noch manches im Argen. Die Einnahmen decken bei weitem nicht die laufenden Kosten – 2023 lag das Defizit bei 83,5 Millionen Euro – und laienhaft aufgezogene Immobiliengeschäfte haben zu enormen Verlusten geführt. Nach Angaben des »Corriere della Sera« hat Franziskus in den vatikanischen Kassen ein Loch von etwa zwei Milliarden Euro hinterlassen, das besonders den Pensionsfonds betreffe. Hier wird der neue Hausherr im Kirchenstaat tätig werden müssen – und um Erfolge einzufahren, ist er auf eine gute Zusammenarbeit mit seiner Kurie angewiesen. Und dazu wäre es hilfreich, sie nicht vor den Kopf zu stoßen, sondern um ihre Loyalität zu werben.

Auch an der Kurie träumen nämlich viele von Teilhabe: Kardinäle wollen um ihre Meinung gefragt, Monsignori nicht von päpstlichen Alleingängen überrumpelt werden. »Jesus scharte zwölf Apostel um sich; er hat nicht zu einem einzigen gesagt: ›Mach du das alles allein‹«, argumentiert Kardinal Fernando Filoni (79), wobei er das übliche römische Narrativ vom Primat des Petrus (»Du bist Petrus und auf diesen Felsen werde ich meine Kirche bauen«, Matthäus 16,18) ein wenig gegen den Strich bürstet. Während in früheren Epochen häufige Fachsitzungen von Kardinälen mit dem Papst üblich waren, ist es in den letzten Jahrzehnten kaum noch zu Kabinettssitzungen des Pontifex mit seinen »Ministern«, den Leitern der einzelnen Vatikanbehörden, gekommen. Franziskus traf sich zwar regelmäßig mit einem von ihm eingerichteten Kardinalsrat, dessen Mitglieder die verschiedenen Kontinente repräsentierten, doch war dieses Gremium institutionell nicht fest mit der Kurie verknüpft. Ansonsten hat es sich eingebürgert, dass Päpste die Kurienchefs regelmäßig in Einzelaudienz empfangen – von einer Koordination der einzelnen Behörden untereinander ist wenig die Rede. Mal sehen, welchen *Modus vivendi* Papst Leo mit seinem Apparat entwickeln wird. Als früherer Leiter einer weltweit aktiven Ordensgemeinschaft und des Bischofsdikasteriums, »einer Art Personalabteilung für kirchliche Führungskräfte« (FAZ), bringt er jedenfalls die Leitungskompetenz mit, die seinen zwei unmittelbaren Vorgängern gefehlt hat. Übrigens wäre über das Desiderat von vatikanischen Kabinettssitzungen hinaus noch einiges andere vorstellbar: eine regelmäßige Einberufung des Kardinalskonsistoriums in Rom zum Beispiel. Die Bildung eines Bischofsrates für den Papst, mit Mitgliedern, die von den Bischofskonferenzen in aller Welt gewählt werden. Oder sogar eine Art Synodalrat, in dem auch Laien und Frauen Sitz und Stimme hätten.

Unser Blick auf die Herausforderungen, denen sich das neue Pontifikat gegenübersieht, wäre unvollständig, wenn wir nicht auch auf die brennenden internationalen Fragen zu sprechen kämen. Das Stelldichein der Weltpotentaten auf Franziskus' Beerdigung hat ja gezeigt, dass ein Papst von vielen nicht nur als religiöse Gestalt, sondern auch als globaler politischer Führer gesehen wird, und so wird sich auch Leo XIV., ob er will oder nicht, auf das heikle internationale Parkett wagen müssen. Der verstorbene Franziskus hat sich in seiner Amtszeit besonders als Stimme des globalen Südens profiliert; sein »ceterum censeo« war die Würde jedes Menschen. »Mein erster Gedanke bei der Todesnachricht war: Nun haben die Armen ihren größten Fürsprecher verloren«, sagte mir Annette Schavan, frühere deutsche Bildungsministerin und ehemalige Botschafterin beim Heiligen Stuhl, am Abend vor Franziskus' Beerdigung in Rom. »Das ist schon eine ganz besondere Situation; in einem Moment, in dem so viele Zeichen in der Welt auf Konfrontation stehen, geht der große Versöhner. In den nächsten Tagen und Wochen und Monaten wird dann schon immer mehr die Frage sein: Wo gibt es eigentlich eine Instanz – wie schafft es die Weltkirche, auch zukünftig eine solche Autorität für die Armen, die Geflüchteten zu sein, gleichsam der Inbegriff von Barmherzigkeit?«

Für den argentinischen Papst hing alles mit allem zusammen: Umweltschutz mit sozialer Gerechtigkeit, Lebensschutz mit dem Einsatz für Benachteiligte und Flüchtlinge, Rosenkranz mit Aktion. Das machte die kirchliche Soziallehre politisch auf ganz neue Weise satisfaktionsfähig; auf einmal wirkte Lebensschutz, bislang eine Spezialität der katholischen Rechten, anschlussfähig an eher linkes Gedankengut. Abtreibungsgegner, »Fridays for Future«, Mindestlohn-Kämpfer, alle fanden sich im Lager des Papstes wieder, was seinen Appellen einen ganz anderen Resonanzraum verschaffte. Die Frage ist, ob Papst Leo XIV. auf die von seinem Vorgänger geschmiedeten ungewöhnlichen Allianzen zurückgreifen wird, um sich auf der internationalen Bühne Gehör zu verschaffen.

Besonders dringend stellt sich dem neuen Hausherrn des Petersdoms die Aufgabe, zu einem Einvernehmen mit dem kommunistischen China zu kommen. Das Land des Lächelns wird im Jahr 2050, von den absoluten Zahlen her, voraussichtlich das katholischste Land der Welt sein, doch unterhält Peking seit Jahrzehnten keine offiziellen diplomatischen Beziehungen mehr zum

Heiligen Stuhl. Daran hat auch Franziskus nichts ändern können; dabei umwarb er das chinesische Regime und sprach bei jeder Gelegenheit von der Weisheit dieses großen Volkes. Für die Katholiken in China hat er damit wenig erreicht – einmal abgesehen von einem provisorischen Geheimabkommen über Bischofsernennungen aus dem Jahr 2018.

Der neue Papst wird sich zu allen heißen Fragen der derzeitigen Weltpolitik positionieren müssen. Russland und der Ukraine-Krieg. Der endlose Nahost-Konflikt. Beide Themen sind aus Vatikansicht Minenfelder; das erste, weil es an die Beziehungen der katholischen Kirche zu den orthodoxen Christen, das zweite, weil es an die Beziehungen zu Judentum und Islam rührt. Und wie wird es – diese Frage haben wir in einem früheren Kapitel schon angerissen – weitergehen zwischen Rom und Washington in der Ära Trump? Es war eine Ironie der Geschichte, dass Franziskus, der laut der französischen Zeitung »Libération« »all das repräsentierte, was die extreme Rechte auf der ganzen Welt verabscheut«, zu seiner letzten Audienz wenige Stunden vor dem Tod ausgerechnet Trumps Vizepräsidenten J. D. Vance empfangen musste. Und auch in den USA fanden viele Katholiken es nicht lustig, dass sich Trump kurz vor Beginn des Konklaves erdreistete, auf »Truth Social« ein mithilfe Künstlicher Intelligenz kreiertes Foto von sich selbst als Papst zu verbreiten, mit strengem Gesicht und einer vagen Segensgeste. Der Vatikan verkniff sich einen Kommentar zu dem Vorgang, einzelne US-Bischöfe reagierten peinlich berührt. »Imperatoren oder solche, die es werden wollen, haben sich immer schon sehr für die Kirche interessiert«, warnt der Religionshistoriker Alberto Melloni; die katholische Kirche

Begegnung am Rande einer Gruppenaudienz.

müsse sich davor hüten, von fremdenfeindlichen und nationalistischen Kreisen in den Vereinigten Staaten instrumentalisiert zu werden. Gerade ein Papst mit US-amerikanischem Pass wird in dieser Hinsicht besonders aufpassen müssen; falls er zu sehr als Freund Washingtons wahrgenommen wird, würde das eine Hypothek für seine Rolle als Weltgewissen bedeuten.

Denn die Frage ist gar nicht, *ob* Leo XIV. ein politischer Papst sein wird oder nicht – die Frage ist vielmehr, inwieweit er dem politischen Anspruch genügen wird, der dem Papsttum im Lauf der letzten Jahrzehnte immer stärker zugewachsen ist. Seit der Katholizismus im Zweiten Vatikanischen Konzil (1962–1965) seinen Frieden mit der Moderne gemacht hat, gilt der Bischof von Rom immer mehr Menschen, weit über den katholischen Raum hinaus, als eine Art moralisches Gewissen der Welt. Den Startpunkt dieser Entwicklung setzte, wenn man nicht allzu weit ausholen will, Johannes XXIII. (1958–1963) während des Kalten Kriegs mit seiner Friedensenzyklika »Pacem in terris« von 1963, die sich erstmals nicht nur an die eigenen Leute, sondern ausdrücklich an »alle Menschen guten Willens« richtete. Seine Nachfolger bauten darauf auf: Paul VI. (1963–1978), indem er die Ära der Papstreisen einläutete; vor allem aber Johannes Paul II. (1978–2005), indem er den Einsatz für die Menschenrechte ganz oben auf seine Agenda setzte. »Der Mensch ist der Weg der Kirche«, proklamierte der Papst aus Polen in seiner Programmschrift »Redemptor hominis« von 1979, und von dieser Überzeugung geleitet, trug er in seinen mehr als 26 Amtsjahren zum Sturz der kommunistischen Systeme bei und machte außerdem mithilfe seiner mehr als 100 Auslandsreisen und seines medialen Geschicks den Petrusdienst bis an die Grenzen des Planeten präsent. Benedikt XVI. (2005–2013), der deutsche Theologe, ließ sich vor allem aus Pflichtbewusstsein einspannen ins Petrusjoch und gab es denn auch, sobald ihm dies möglich schien, wieder ab (er trat 2013 als erster Papst der Neuzeit vom Petrusamt zurück). Mit Franziskus stand dann von 2013 bis 2025 wieder ein dezidiert politischer Pontifex auf der Kapitänsbrücke, der schon durch seine Herkunft glaubhaft als Sprecher des globalen Südens auftreten konnte. Dass sich der neue Papst mit seiner Namenswahl ohnehin grundsätzlich in den Horizont der katholischen Soziallehre gestellt hat, der es ja um die Würde der Einzelnen und um eine gerechte Gestaltung des Gemeinwesens geht, hatten wir schon notiert.

Die Aufgabe ist gewaltig: Nicht nur in seiner eigenen Kirche muss Leo XIV. um Einheit – genauer: um die richtige Balance zwischen Einheit und Vielfalt – ringen. Auch zwischen den christlichen Kirchen und zwischen den Religionen und im großen Welttheater wird eine Stimme für Einheit, Frieden, Menschenwürde und Gerechtigkeit dringender gebraucht denn je.

Würde man ihn fragen, mit welchem *Spirit* er seine vielfältigen Aufgaben angehen will, würde er womöglich dieselbe Antwort geben wie in einem Interview mit Radio Vatikan von 2023, als Franziskus ihn nach Rom geholt hatte: »Ich betrachte mich immer noch als Missionar. Meine Berufung ist es, wie die jedes Christen, ein Missionar zu sein, das Evangelium zu verkünden, wo immer man ist.« Ob am Chicago River, am Pazifik oder am Tiber.

Und noch etwas hat Prevost in jenem Interview zu bedenken gegeben. »Wir sind oft damit beschäftigt, die Art und Weise, wie wir unseren Glauben leben sollen, zu lehren. Aber wir laufen

Gefahr zu vergessen, dass unsere erste Aufgabe darin besteht, zu lehren, was es bedeutet, Jesus Christus zu kennen, und Zeugnis von unserer Nähe zum Herrn zu geben. Das steht an erster Stelle: die Schönheit des Glaubens zu vermitteln. Die Schönheit und Freude, Jesus zu kennen.«

IN ILLO UNO UNUM

Leo P.P. XIV

Leo XIV.

Lebenslauf in der Übersicht

14. Sept. 1955	Geboren als Robert Francis Prevost in Chicago, USA
1973	High School-Abschluss
1973–1977	Mathematik- und Philosophiestudium an der Villanova University in Pennsylvania
1. Sept. 1977	Eintritt in den Augustinerorden
1978–1982	Theologiestudium in Chicago (Catholic Theological Union)
29. Aug. 1981	Ewige Ordensprofess
1982–1985	Studium des Kirchenrechts an der Päpstlichen Universität St. Thomas von Aquin (Rom)
19. Juni 1982	Priesterweihe in Rom
1985–1986	Pastorale Arbeit in der Augustinermission in Chulucanas, Peru
1987	Promotion zum Dr. iur. can. (Kirchenrecht) in Rom
1987–1988	Berufungs- und Missionsdirektor seiner Ordensprovinz in Illinois, USA
1988–1999	Prior und Ausbildungsleiter seines Ordens in Trujillo, Peru, Arbeit am Kirchengericht und als Professor am Priesterseminar des Erzbistums Trujillo, daneben Mitarbeit in einer Pfarrei

1999–2001	Provinzoberer der Augustiner mit Sitz in Chicago
2001–2013	Generalprior des Augustinerordens mit Sitz in Rom
2013–2014	Ausbildungsleiter und Provinzvikar der Augustiner in Chicago
2014–2015	Apostolischer Administrator in Chiclayo, Peru
12. Dez. 2014	Bischofsweihe
2015–2023	Bischof von Chiclayo
2020–2021	Zusätzlich Apostolischer Administrator in Callao, Peru
30. Jan. 2023	Ernennung zum Erzbischof, zum Präfekten des Dikasteriums für die Bischöfe und zum Präsidenten der Päpstlichen Kommission für Lateinamerika
12. Apr. 2023	Dienstantritt im Vatikan
Seit 2023	Mitglied der vatikanischen Dikasterien für die Evangelisierung, für die Glaubenslehre, für die orientalischen Kirchen, für den Klerus, für die Institute des geweihten Lebens, für Kultur und Bildung, für die Gesetztestexte und für den Staat der Vatikanstadt
30. Sept. 2023	Erhebung zum Kardinaldiakon
2023/2024	Teilnahme an den Vollversammlungen der Weltsynode
6. Febr. 2025	Beförderung zum Kardinalbischof
8. Mai 2025	Wahl zum 267. Bischof vom Rom und damit zum Papst
18. Mai 2025	Feierliche Amtseinführung

Bildnachweis

S. 2	© picture alliance / Reuters / Stoyan Nenov
S. 15	© picture alliance / dpa /Marijan Murat
S. 16	© picture alliance / dpa / MAXPPP / Alexandre Marchi
S. 19	© picture alliance / Associated Press / Francesco Sforza
S. 25	© picture alliance / Wolfgang Maria Weber
S. 27	© picture alliance / Wolfgang Maria Weber / R7172
S. 37	© picture alliance / Reuters / Vincent Alban
S. 41	© picture alliance / Reuters / Carlos Osorio
S. 44 oben	© picture alliance / Associated Press / Obed Lamy
S. 44 unten	© picture alliance / Reuters / Maria Alejandra Cardona
S. 56	© picture alliance / Reuters / Diego Torres Menchola
S. 63	© picture alliance / Associated Press / Julio Reano
S. 65	© picture alliance / Associated Press / uncredited
S. 69	© Consejo Nacional der Partnerschaft zwischen dem Erzbistum Freiburg und Peru
S. 72	© picture alliance / ROPI / ROPI
S. 79	© picture alliance / Zumapress.com / Evandro Inetti
S. 82	© picture alliance / Associated Press / Riccardo De Luca
S. 87	© picture alliance / Zumapress.com / Giuseppe Ciccia
S. 88	© picture alliance / Reuters / Matias Baglietto
S. 95	© picture alliance / Reuters / Murad Sezer
S. 99	© picture alliance / abaca / ABACA (EV)
S. 106	© picture alliance / abaca / Vandeville Eric / ABACA
S. 113	© picture alliance / Associated Press / uncredited
S. 118	© picture alliance / abaca / ABACA (EV)
S. 130	© picture alliance / abaca / ABACA (EV)
S. 133	© picture alliance / ipa-agency / Salvatore Laporta / KONTROLAB
S. 149	© picture alliance / Zumapress.com / Julia Mineeva
S. 150	© picture alliance / Zumapress.com / Alessia Giuliani
S. 154	© picture-alliance / ipa-agency / Vatican Media / CPP
S. 157	© picture alliance / Stefano Spaziani
S. 159	© Stefan von Kempis

Zum Autor

STEFAN VON KEMPIS ist Redaktionsleiter der deutschsprachigen Abteilung von Radio Vatikan / Vatican News. Er studierte Theologie, Geschichte und Islamwissenschaften in Bonn, Freiburg, Paris, Kairo und Rom. Heutige Schwerpunkte seiner Arbeit sind u. a. Weltkirche und interreligiöser Dialog. Er hat mehrere Päpste auf Reisen begleitet, etliche Bücher zu Päpsten geschrieben und herausgegeben; er kennt die Texte und die Agenda der Päpste wie kaum jemand sonst. Er lebt mit seiner spanischen Frau und ihren beiden Söhnen in Rom.

Vom selben Autor:

Das Schweigen Gottes ertragen

Päpste und ihre Zweifel: Paul VI., Johannes Paul I.,
Johannes Paul II., Benedikt XVI., Franziskus

128 Seiten, Hardcover mit Leseband

ISBN 978-3-8436-1033-9

Patmos Verlag

VERLAGSGRUPPE PATMOS

PATMOS
ESCHBACH
GRÜNEWALD
THORBECKE
SCHWABEN
VER SACRUM

Die Verlagsgruppe
mit Sinn für das Leben

MIX
Papier | Fördert gute Waldnutzung
FSC® C089473
FSC www.fsc.org

Die Verlagsgruppe Patmos ist sich ihrer Verantwortung gegenüber unserer Umwelt bewusst. Wir folgen dem Prinzip der Nachhaltigkeit und streben den Einklang von wirtschaftlicher Entwicklung, sozialer Sicherheit und Erhaltung unserer natürlichen Lebensgrundlagen an. Näheres zur Nachhaltigkeitsstrategie der Verlagsgruppe Patmos auf unserer Website www.verlagsgruppe-patmos.de/nachhaltig-gut-leben

Übereinstimmend mit der EU-Verordnung zur allgemeinen Produktsicherheit (GPSR) stellen wir sicher, dass unsere Produkte die Sicherheitsstandards erfüllen. Näheres dazu auf unserer Website www.verlagsgruppe-patmos.de/produktsicherheit. Bei Fragen zur Produktsicherheit wenden Sie sich bitte an produktsicherheit@verlagsgruppe-patmos.de

Redaktionsschluss: 15. Mai 2025

2. Auflage 2025

Verlagsgruppe Patmos in der Schwabenverlag AG
Senefelderstr. 12, 73760 Ostfildern
www.patmos.de

Umschlaggestaltung: Finken & Bumiller, Stuttgart
Umschlagabbildung: Montage unter Verwendung eines Fotos von der Trauermesse für Papst Franziskus vom 28. April 2025 (© picture alliance / ZUMAPRESS.com / ALESSIA GIULIANI)
Satz und Layout: mittelstadt 21, Vogtsburg-Burkheim
Druck: Beltz Grafische Betriebe GmbH, Bad Langensalza
Hergestellt in Deutschland
ISBN 978-3-8436-1625-6